2020 : Les Scénarios du futur

Comprendre le monde qui vient

Collection *Droit de citer*

Déjà parus dans la même collection :

Le Book des vacheries, Jacques Kravetz, février 2007.
Crime sans traces, Marie Thérèse de Fontenelle, mars 2007.

À paraître dans la même collection :

Urgence Darfour, collectif sous la direction de Morad El Hattab, mai 2007.
Bagdad. Journal d'un reporter, Patrick Fort, mai 2007.
Des Perles à faire pâlir les cancres, Jacques Kravetz, juin 2007.

Des Idées & des Hommes
Éditeur : Véronique Anger
102, avenue des Champs-Élysées – 75008 Paris
www.desideesetdeshommes.com

Joël DE ROSNAY

2020 : Les Scénarios du futur

Comprendre le monde qui vient

Des Idées & des Hommes

SOMMAIRE

AVANT-PROPOS

Depuis octobre 2002, le Collège de la Cité des sciences et de l'industrie accueille, jour après jour, les chercheurs qui font la science et qui viennent partager avec un public fidèle leurs connaissances, leurs découvertes, leurs incertitudes. Une centaine de conférences et de débats chaque année, une fenêtre grande ouverte sur les fabriques de la science.

Fin 2005, après trois années de ces rencontres, il nous a paru nécessaire de proposer à nos auditeurs une sorte de « tableau des espérances, des promesses et des inquiétudes » que peuvent susciter, sur leurs différents fronts, la recherche scientifique et l'innovation technologique : une tentative d'exploration synoptique de ce « nouveau monde » qu'est le futur, tel qu'il sera remodelé, à l'horizon d'une dizaine d'années, par la profusion des découvertes et des inventions qui s'annoncent. Il fallait solliciter un observateur attentif au regard large, une intelligence à la fois globale et fine, et surtout un esprit capable de rendre perceptible au regard des profanes ce qui se joue à la pointe de la recherche.

Les chapitres de ce livre sont les déclinaisons éditées des conférences données, en janvier 2006, par Joël de Rosnay au public de l'auditorium de la Cité des sciences.

Ces conférences, comme toutes celles du Collège, ont d'abord été restituées en vidéo, avec tous les documents, tableaux et schémas qui les illustraient, sur le site Internet de la Cité[1].

Devant le succès du cycle donné dans l'auditorium, puis de la consultation en ligne, il a paru indispensable d'en proposer également une version imprimée, pour le temps plus posé de la lecture. Les textes ont parfois été adaptés et réduits ; mais ils gardent, on le verra, le style et la spontanéité de l'oral, en même temps que les traces de cette pédagogie directe, claire et passionnée qui sont la marque de notre auteur. Au livre est associé un « blog », grâce auquel la lecture pourra se prolonger en conversations et en de nouvelles explorations. Puisse le lecteur trouver ici, sous la conduite d'un guide éminemment lucide et informé, l'intelligence de ce qui vient.

Roland SCHAER
Directeur sciences et société à la Cité des sciences et de l'industrie.

[1] http://www.cite-sciences.fr/francais/ala_cite/college/v2/html/2005_2006/cycles/cycle_214.htm ou http://www.cite-sciences.fr : cliquer sur « conférences » et, dans la case « recherche », taper « rosnay 2006 ».

PRÉFACE

« En danger de progrès ». La formule était provocante, j'en fis le titre de mon premier essai. À l'aube des années 1970, ce binôme mariait une chose et son contraire, le meilleur et le pire, le feu et la glace. Trente années plus tard, l'oxymore n'est plus qu'une évidence. Pis, la vérité a changé de sens : c'est le danger qui est en progrès. Chaque jour, s'alourdissent les menaces que le développement des sciences et des techniques fait peser sur l'humanité. Nous en aurions même crié, comme ce personnage de Woody Allen : « Arrêtez l'histoire, je veux descendre ! », si le bon sens ne nous avait prévenu de longue date qu'on n'arrête pas le progrès.

Nous voilà donc condamnés au progrès, autant dire à l'avenir. Car les deux sont liés. L'avenir, c'est du futur façonné par le progrès, le creuset du monde moderne.

Le futur de nos ancêtres était entre les mains des dieux, il pesait sur les hommes comme une fatalité. Bon ou mauvais, « que sera, sera » ! Le progrès, au contraire, est une fabrication humaine. Il se construit à partir de découvertes et d'inventions qui ne doivent rien à des puissances surnaturelles. En maîtrisant la nature, l'*homo scientificus* se réapproprie son histoire et fait reculer cette « condition humaine » qui de la résignation faisait une sagesse.

Cette illusion scientiste avait pour elle le poids des évidences : les victoires de la médecine, l'allongement de la vie, la généralisation du confort, le recul des famines et des épidémies, l'extension de l'éducation et de la culture, etc. Le progrès ne pouvait être que bénéfique et libérateur.

Comment reconnaître cette aimable utopie dans les avancées vertigineuses que nous décrit Joël de Rosnay ? Son avenir info-bio-nano-éco, avec un cybermonde qui défie le monde réel, avec des machines qui s'humanisent et des hommes qui se machinisent, avec l'irréductible solitude de l'interconnexion généralisée, avec la dictature anesthésiante de nos esclaves intelligents, avec la perverse soumission d'une nature réinventée, cet avenir perturbe les repères et dissout les catégories qui structurent notre pensée. Voilà le piège : nous fabriquons un monde que nous sommes incapables de penser, incapables, à plus forte raison, de maîtriser. Ainsi serions-nous passés de l'antique à la nouvelle fatalité, créant de toutes pièces un avenir qui substitue à la sécurité d'un monde immuable l'angoisse d'un devenir aux imprévisibles péripéties.

C'est à ce point que des esprits comme Joël de Rosnay nous sont si nécessaires. À la différence des prophètes d'antan, ils ne nous donnent pas le point d'arrivée, mais les mécanismes secrets des changements en cours. Une démarche plus modeste, donc plus utile.

Ce voyage fantastique nous rappelle que la nature n'est pas optimisée pour l'homme, qu'elle n'est pas une caverne aux trésors qui enrichirait à tout coup ses explorateurs et que la recherche n'est pas une démarche altruiste ou philanthropique, mais intellectuelle. Poussé par sa curiosité, l'homme acquiert des connaissances au hasard de ses découvertes. Dès ce stade, le processus lui échappe. Il est tributaire de l'incertitude inhérente à tout travail scientifique et progresse dans des voies sans grande utilité tandis qu'il piétine face à des percées vainement espérées.

Sommes-nous au moins assurés de faire le meilleur usage de ces moissons scientifiques ? Certainement pas. D'une part, la mise en œuvre du progrès scientifique se fonde sur des critères économiques bien plus que sur les besoins sociaux ; d'autre part, ces innovations s'introduisent dans le système complexe de nos sociétés et provoquent des effets non prévus et non désirés. D'où le sentiment général d'un processus irrésistible et dépourvu de toute finalité, que traduit la fameuse formule « c'est le progrès ! », hier triomphante, aujourd'hui résignée.

Tout cela est vrai, et pourtant… comment n'être pas enthousiasmé par tant de merveilles annoncées ! Oui, l'humanité va, dans les prochaines décennies, progresser comme elle ne l'a jamais fait. Dans tous les domaines, elle va effectuer des sauts qualitatifs et pas seulement quantitatifs, qui la doteront de pouvoirs que nous avons peine à imaginer. Dont, surtout, nous ignorons le mode d'emploi.

L'humanité a connu une telle rupture avec l'apparition de l'arme nucléaire. Pour la première fois, elle se donnait les moyens d'un suicide collectif. Les physiciens à l'origine de cette découverte comprirent qu'il fallait tout de suite créer un ordre mondial pour contrôler cette arme. Un demi-siècle plus tard, on sait ce qu'il en est.

Qu'en sera-t-il de toutes ces mutations que nous annonce Joël de Rosnay ? Elles se présentent à nous comme autant de défis. Ne nous y trompons pas, l'épreuve de vérité ne sera pas technique mais politique. Le progrès s'est longtemps justifié par les merveilles qu'il réalisait. Comment ne pas en célébrer le culte alors qu'il nous donnait l'électricité, les antibiotiques, l'ordinateur, les greffes d'organes et le voyage sur la Lune en prime ? Nous découvrons aujourd'hui que le progrès, quelques prodiges qu'il accomplisse, n'est pas une fin en soi. Il n'a de sens qu'en fonction de l'homme, des services qu'il peut lui rendre.

Inventer l'humanisme des temps nouveaux, celui qui fera des percées annoncées un porte-bonheur pour tous les hommes, c'est le véritable enjeu de l'avenir. Ses données nous en sont exposées par Joël de Rosnay avec une lumineuse clarté. Il faut maintenant qu'elles soient entendues, que nous soyons à nouveau en espoir de progrès.

François DE CLOSETS
Journaliste et scientifique.

INTRODUCTION

L'évolution scientifique et technique du monde pourrait être caractérisée par trois mots : complexité, accélération et convergence. En effet, le progrès scientifique et le progrès technologique s'alimentent l'un l'autre. Il en résulte un effet d'amplification créant de nouveaux défis pour la formation, l'impact sur les populations, le financement de la recherche, la compétitivité industrielle et économique, la prospective et l'évaluation des choix scientifiques et technologiques. En 2020, ces effets vont s'amplifier. On constatera un décalage de plus en plus profond entre développements technologiques et capacité des hommes à les intégrer dans leur vie, à les rendre pertinents et utiles, porteurs de sens dans une existence personnelle ou professionnelle.

Nous sommes confrontés à trois évolutions qui se chevauchent, avec des durées différentes : l'évolution biologique, l'évolution technologique et l'évolution numérique. L'évolution biologique prend des millions d'années, car les essais dans la nature se font à taille réelle. L'évolution technologique fait appel à un nouveau monde, celui du cerveau. En interaction avec le monde réel, apparaît donc celui de l'imaginaire. Avec l'avènement du numérique, on entre dans un troisième monde : le virtuel. De la rencontre de ces trois mondes résulte une extraordinaire accélération.

Quatre préfixes me paraissent symboliser aujourd'hui, mais encore plus pour 2020, les convergences déterminantes auxquelles on peut s'attendre entre des secteurs jadis séparés, mais dont l'intégration aura un profond impact sur l'homme, les entreprises et la société. Il s'agit des préfixes info, bio, nano et éco.

Ils constituent la trame des chapitres de ce livre.

Le mariage des infotechnologies, des biotechnologies, des nano et des écotechnologies est en cours. Mais avec lui surviennent de nouveaux risques pour l'homme et l'environnement. Des promesses, mais aussi des défis à surmonter. Si le XIXe et le XXe siècles ont consacré le rôle des ingénieurs et des architectes dans la construction des machines et des infrastructures qui ont fondé les sociétés modernes, le XXIe siècle verra la naissance de nouveaux ingénieurs et architectes de l'infiniment petit, capables d'assembler des molécules pour fabriquer des produits nouveaux ou des ordinateurs microscopiques.

En 2020, la puissance et les capacités des ordinateurs et des mémoires va se poursuivre, de pair avec une miniaturisation accrue. Les réseaux connaîtront des débits de transfert d'information de plusieurs gigabits, voire térabits, par seconde, favorisant la mutualisation du traitement des informations sous forme de réseaux d'ordinateurs distribués et interconnectés.

La révolution biologique, qui a débuté avec la biologie moléculaire et le génie génétique, s'accélérera par le recours à la génomique, au clonage et à la transgenèse. La prolongation de la durée de vie, grâce à une meilleure connaissance des mécanismes du vieillissement, conduira à des tensions sociales et politiques fortes.

Des biopuces aux nano-implants, une panoplie d'outils nouveaux permettra l'assemblage de microstructures de haute complexité à partir de composants de base. C'est le défi des nanotechnologies. Les progrès scientifiques et techniques dans ces domaines ouvriront de nouveaux horizons riches de promesses, mais aussi lourds de menaces.

Enfin, les écotechnologies ne concerneront pas seulement le recyclage des déchets, la détection des pollutions ou leur prévention. Elles engloberont également l'usage de sources d'énergie propres et renouvelables, comme l'hydrogène dans les piles à combustible.

Avec les technologies de la communication se profilent de nouveaux dangers : traçabilité des usagers, atteintes à la vie privée, piratages, virus ou spams, sans compter les limitations des fréquences disponibles, les risques éventuels des radiations électromagnétiques pour la santé et surtout la montée de l'« infopollution », un torrent quotidien d'informations impossible à maîtriser.

Pour décrypter ces futurs possibles, j'ai choisi de présenter des « scénarios », décrivant, en les mettant en scène dans leur contexte, les techniques, les pratiques et les enjeux qui détermineront en partie les sociétés humaines de 2020.

Mais, pour cela, nous allons être confrontés au premier des trois termes qui me paraissent caractériser l'évolution scientifique et technique, et plus généralement le « management » des sociétés modernes : la *complexité*. Comment gérer la complexité pour construire le monde de demain ? Comment mieux la comprendre ?

PREMIÈRE PARTIE

Voyage dans la complexité

Pour préparer notre exploration du futur, j'aimerais vous inviter à faire un voyage, un voyage dans la complexité*… Mais, avant de nous immerger dans cette complexité, interrogeons-nous sur ce qu'elle est réellement. Comment pouvons-nous l'aborder, quelles sont les méthodes utilisées aujourd'hui pour mieux la comprendre et la maîtriser ?

Tout au long de ce voyage, vous découvrirez un « vocabulaire de la complexité ». Vous apprendrez également qu'une cellule ou un organisme vivants, la planète, l'écosystème sont des « systèmes complexes ».

Puis je vous donnerai des clés pour vous aider à comprendre comment naît la complexité, comment elle s'organise, quels mécanismes la génèrent. J'illustrerai mon propos à l'aide d'exemples faisant appel à une approche que je qualifierais de « classique ». Mais aussi à une approche plus récente, qui recourt notamment à la simulation sur ordinateur afin de générer des structures complexes. Des structures qui, vous le constaterez, ressemblent à celles du vivant sans pour autant appartenir à cette catégorie.

Au cours de ce périple, vous prendrez également conscience de l'importance du temps, de l'accélération et

* Les mots suivis d'un astérisque ont leur définition dans le glossaire p. 259-293.

de l'« autocatalyse ». Nous verrons en effet comment ces systèmes s'accélèrent en se développant, mais aussi se détruisent.

Après vous avoir exposé les dernières théories décrivant la façon dont la complexité est générée et perdure, je vous guiderai par un chemin de traverse, là où sciences et arts se rejoignent.

Enfin, je vous proposerai une synthèse des lois les plus simples qui existent aujourd'hui pour tenter de comprendre l'émergence de la complexité.

Qu'est-ce qu'un système complexe ?

Avant de vous embarquer dans ce voyage vers la complexité, j'aimerais rappeler qu'il existe une différence fondamentale entre complexité et complication. Il est évident qu'un système compliqué ne peut être envisagé avec nos seules capacités personnelles, notre seule intelligence ou notre seul esprit rationnel. Le niveau de complication est si élevé que l'on est incapable d'aborder un tel système de manière cohérente.

À la différence de la complication, la complexité est abordable. En effet, un « système complexe* » fait intervenir cinq principaux facteurs bien identifiés. Premièrement, il est constitué d'éléments ou « agents » en interaction (les êtres humains sont des agents sur un marché, les fourmis sont des agents dans une fourmilière, etc.).

Deuxièmement, un système complexe se caractérise par les très nombreuses relations qui s'établissent entre ces éléments ou ces agents (notamment par le langage, les symboles, la communication).

Troisièmement, un système complexe se compose de plusieurs niveaux hiérarchiques* (de complexité croissante ou décroissante selon l'approche retenue pour les étudier : approche analytique*, approche globale ou systémique*). Ces niveaux hiérarchiques (ou ces relations) peuvent former des réseaux interdépendants (ou intercommunicants), comprenant, aux nœuds de chaque réseau, des éléments ou des agents qui vont interagir.

Quatrièmement, un système complexe adopte un comportement dynamique dans le temps, un comportement non linéaire. Celui-ci peut évoluer car bon nombre de systèmes complexes sont des « structures dissipatives* », expression que l'on doit au physicien Ilya Prigogine[2] (prix Nobel de chimie 1977). Une structure dissipative est une structure traversée par un flux d'énergie (auquel s'ajoute un flux d'information dans les « systèmes » complexes). En dissipant de l'énergie, la structure parvient à se maintenir dans le temps.

Cinquièmement et dernièrement, un système complexe possède une capacité d'évolution dans le temps et, éventuellement, d'évolution vers une complexité croissante, en particulier lorsqu'il a des capacités de reproduction qui permettent à une amélioration de se généraliser. Il faut distinguer, en effet, les systèmes complexes purement physiques ou chimiques des systèmes vivants et informationnels capables de mémoire et de reproduction.

Pour matérialiser la définition d'un système complexe, prenons l'exemple de la cellule vivante. Celle-ci est composée de très nombreux éléments : des molécules, des

[2] Ilya Prigogine et Isabelle Stengers, *La Nouvelle Alliance*, Gallimard, 1986.

macromolécules, etc., en constante interaction. La cellule peut se maintenir, évoluer ou disparaître. L'organisme vivant (l'organisme humain par exemple) est composé de soixante mille milliards de cellules, mais aussi de réseaux de communication (le système nerveux, le réseau de défense, c'est-à-dire le système immunitaire, le système de transfert d'énergie, notamment par l'intermédiaire du système sanguin, le système hormonal...). Ces éléments sont en interaction les uns avec les autres. Il y a donc bien interaction, réseaux et complexité globale.

Une ville aussi est un système complexe. Elle est constituée d'habitants en interaction les uns avec les autres, de bâtiments, de réseaux de transports ou d'autoroutes de l'information, de lieux de stockage de vivres, d'énergie, d'eau... De la même façon, la planète ou l'écosystème sont des systèmes complexes puisque l'un comme l'autre sont formés de multiples éléments qui interagissent.

L'écosystème : une complexité utile à la vie

Revenons sur l'écosystème*. Cet exemple de système complexe composé de quatre sous-systèmes – l'air ou, en termes scientifiques, l'atmosphère ; la vie ou la biosphère* ; l'eau ou l'hydrosphère et la terre ou la lithosphère – témoigne de la dynamique des interactions renforçant et créant la complexité. Il existe des interactions permanentes reliant les différents éléments : les sédiments se déposent dans les océans pour donner une partie de la lithosphère. L'atmosphère est essentielle au fonctionnement du système vivant grâce au gaz carbonique et à l'oxygène, matériaux de base et produits de la photosynthèse.

Un système complexe tel que la biosphère se nourrit d'énergie solaire, transformée par les plantes vertes, grâce à la photosynthèse, en sucres (amidon, cellulose...) qui constituent la structure même du végétal.

Les « producteurs » fabriquent aussi de l'oxygène (O_2), avec lequel les consommateurs (végétaux, animaux, êtres humains) pourront brûler les sucres (par exemple l'amidon des pommes de terre que nous mangeons) pour produire de l'énergie. Le dioxyde de carbone (gaz carbonique ou CO_2) est renvoyé aux producteurs (les plantes par exemple) et les déchets retournent dans le sol. Ils y sont traités par des « décomposeurs » avant d'être « recyclés », sous forme notamment de sels minéraux, par les racines des plantes en éléments nutritifs permettant ainsi à celles-ci (grâce à l'énergie solaire) de fabriquer l'oxygène et les sucres ; et aux humains et aux animaux de libérer le gaz carbonique en brûlant ces sucres. La boucle est bouclée[3] !

Ainsi, producteurs, consommateurs, végétaux verts ou animaux évoluent en symbiose*, chacun dépendant des autres et des « décomposeurs » qui recyclent les éléments essentiels au système complexe qu'est la biosphère.

Cette fois, si on observe – en le simplifiant – le système économique, que remarque-t-on ? On voit qu'un flux d'énergie, actuellement sous forme d'énergie fossile ou d'énergie nucléaire, permet à la « production » de fabriquer des biens et des services. Ces biens et services sont ensuite échangés sur des marchés de biens et de services. Grâce à l'argent dont ils disposent, les consommateurs vont acheter ces biens et ces services. Ces consommateurs sont aussi

[3] Voir également à ce sujet la troisième partie du présent ouvrage : Énergie et développement durable, p. 119.

des travailleurs dont la force de travail, qui permet aux entreprises de produire, va s'échanger sur le marché du travail (selon la santé économique du marché. « L'aiguille de la balance » oscillera donc entre chômage et plein emploi).

On constate que le circuit emprunté par la monnaie (en échanges de produits, travail, connaissances...) circule en sens inverse de celui emprunté par le flux de l'énergie. De la même façon que l'on peut épargner cet argent ou le réutiliser, il est possible de stocker de l'information et donc du savoir (brevets d'entreprise, inventions...). Le circuit de l'information n'est pourtant pas tout à fait semblable aux circuits d'énergie et de matière qu'il contrôle et dont il dépend.

Ce système, simplifié à l'extrême, illustre ma définition d'un système complexe, c'est-à-dire un système constitué de nombreux éléments en interaction, qui possède sa dynamique propre se régulant par des mécanismes complexes.

Comment comprendre la complexité ?

Il existe bien sûr la méthode « analytique* » que nous a léguée Descartes. Cette méthode consiste à découper la complexité en petits morceaux plus simples, l'idée étant d'isoler les éléments de chaque partie déterminant le fonctionnement du « tout ». L'approche analytique se concentre sur les éléments et considère la nature des interactions, indépendamment de la durée. Lorsqu'on modifie un système complexe, on modifie une variable à la fois et la validation des faits s'obtient par la preuve expérimentale dans le cadre d'une théorie. C'est ce qu'on appelle l'approche « systématique », et non l'approche systémique. La différence est importante.

L'approche analytique conduit à une action programmée. On programme les tâches de chacun de manière analytique : tel spécialiste de tel sujet assumera telle tâche relevant de sa spécialité.

L'approche analytique est essentielle – elle a notamment permis de créer la science, de gérer les entreprises... – ; mais, face à la complexité, nous avons besoin d'une seconde approche, une approche complémentaire qu'on appelle approche « systémique » (de « système »), qui permettra d'étudier la complexité sans la découper en petits morceaux.

L'approche systémique n'a évidemment rien à voir avec l'approche systématique ou l'« esprit de système », deux tendances déviantes de l'approche systémique. Elle cherche, au contraire, à relier les éléments d'un système complexe en se concentrant sur les interactions. Alors que l'approche analytique considère la *nature* des interactions et leurs causes, l'approche systémique considère les *effets* des interactions. Elle adopte une perception globale d'un système et intègre la notion de durée.

Cette approche modifie, grâce notamment à la simulation* sur ordinateur, des *groupes* de variables simultanément, une propriété fondamentale sur laquelle je reviendrai. La simulation informatique permet d'agir sur la complexité en modifiant différents groupes de variables à la fois, puis d'observer les impacts de ces modifications sur le comportement du système. Comment va réagir le système si je modifie tel ou tel paramètre ? Il s'agit typiquement d'une approche moderne de l'usage de l'ordinateur. La validation des faits ne s'obtient pas seulement par la preuve expérimentale dans le cadre d'une théorie, mais aussi en comparant le fonctionnement du modèle avec la réalité. Francisco Varela, biologiste et philosophe français d'origine chilienne décédé en 2001[4], a développé cette notion dans ses théories philosophiques et épistémologiques.

Enfin, l'approche systémique conduit à une action par objectif (et un pilotage réactif plutôt qu'une programmation aveugle).

En résumé, la méthode traditionnelle de l'approche de la complexité consiste à découper le tout en petits morceaux plus simples. Mais, de proche en proche, on aboutit à une grande complication si l'on considère que les atomes se divisent en noyaux, en particules élémentaires étudiées par les physiciens et les théoriciens, etc. On pensait avoir trouvé les mécanismes des causes qui produisent les effets observés dans la nature, mais en réalité, cette méthode fait entrer l'observateur dans des systèmes de plus en plus compliqués, sans pouvoir rendre compte la plupart du temps de notre réalité la plus quotidienne...

Voilà pourquoi l'approche systémique vient compléter la démarche analytique pour comprendre la complexité. En effet, approches « systémique » et « analytique » ne sont pas, comme certains l'affirment, opposées, mais complémentaires.

L'approche systémique relie les savoirs dans un cadre de référence plus large qui favorise l'exercice de l'analyse et de la logique. Cette méthodologie permet d'organiser les connaissances en vue d'une plus grande efficacité de l'action. C'est la méthode que je vais adopter dans ce livre,

[4] Francisco J. Varela, *Autonomie et connaissance*, Le Seuil, 1989.

et que j'ai adoptée précédemment lorsque j'ai décrit l'écosystème et le système économique.

Comment naît la complexité ?

Quand on étudie des structures complexes, on remarque qu'il est possible de les ouvrir comme des poupées russes et, à l'intérieur, de trouver encore quelque chose... Si l'on prend l'exemple du corps humain, on peut le décomposer en cellules et les cellules en macromolécules, elles-mêmes divisibles en molécules, puis en atomes, etc.

Comprendre comment on passe d'un niveau de complexité à un autre est plus difficile. Comment passe-t-on du niveau de complexité de l'individu isolé à celui de la société ? Comment passe-t-on du niveau du troc à celui de l'économie ? ou du niveau de l'ordinateur individuel isolé à celui d'Internet ? Qui provoque ces évolutions ? Qui « invente » la complexité ?

Pour vous aider à y voir plus clair, je vais fonder ma démonstration sur une des premières approches parmi les plus classiques de la naissance de la complexité biologique : la théorie de la sélection naturelle* de Darwin. L'évolution de la complexité dans le vivant commence avec les premières molécules organiques, les premières cellules, les premiers organismes vivants. On estime que cette complexification s'est produite dans les océans primitifs, pour atteindre, après des milliards d'années, les niveaux les plus complexes de l'organisation de la matière sur la surface de la terre : l'homme et les sociétés humaines.

Je vous propose d'étudier la génération de la variété par le monde biologique. Le point de départ sera l'ADN*, qui représente en quelque sorte la banque de données, le réservoir d'informations de tout être vivant codé sous forme chimique et renfermé dans le noyau de toutes ses cellules. Cet ADN se reproduit avec une grande exactitude grâce à des mécanismes de correction d'erreurs indispensables à la conservation de l'information ; mais il peut aussi muter. Dans ce cas, l'ADN reproduit ne sera plus tout à fait semblable à l'ADN original. Ces mutations sont à la source de la très grande variété des structures du vivant.

Ces variations surviennent suite aux agressions permanentes de l'environnement sur les organismes vivants (rayonnement cosmique, rayonnement ultraviolet, chocs...). L'environnement modifie donc la structure de l'ADN de manière aléatoire. C'est cet ADN modifié qui, en se dupliquant, donnera naissance à des ADN différents du modèle original.

Les mutations conduisent donc à une grande variabilité de l'ADN et, par voie de conséquence, à des populations dont les individus sont différents de leurs parents ou de leurs ancêtres. Ces individus, soumis aux contraintes de l'environnement (nécessité de se nourrir, de boire, de se reproduire, de se défendre ou de se battre...), vont soit s'adapter, soit disparaître.

Une boucle « mort » et une boucle « survie » représentent ce que Darwin a appelé « la survie du plus apte ». Quand un membre d'une population meurt, il disparaît avec son ADN. Cet ADN ne peut donc plus conduire à des mutations. Par conséquent, seuls sont « renforcés », par une « boucle de renforcement d'amplification », les ADN adaptés à un environnement donné. C'est la base du processus de sélection naturelle proposé par Darwin. Encore faut-il préciser : le

« plus apte » à quoi ? À court ou à long terme, être trop adapté peut signifier ne pas survivre à son milieu.

Et l'homme créa le cyberespace...

Des millions d'années ont été nécessaires pour procéder, en tâtonnant, par « essais » et par « erreurs ». L'organisme lui-même réalisait alors les « tests » de validité du système. Puis l'homme apparaît... et invente. Une invention est un peu l'analogue d'une mutation. L'homme invente la roue, le crayon, l'aile, le moteur... Ses inventions vont créer – telles des mutations – une possibilité d'accélération. En effet, l'homme peut imaginer dans son cerveau, puis dessiner un croquis et, éventuellement, déposer un brevet... J'utilise ce raccourci un peu simpliste pour démontrer que l'évolution technologique est capable d'une plus grande accélération que l'évolution biologique. La biosphère a évolué au cours de milliards d'années, la technosphère* en quelques dizaines de siècles.

Soudain, l'homme invente le cyberespace*. Un monde virtuel où – mieux que dans sa tête – il peut construire un objet virtuel sur son ordinateur. Un architecte proposera par exemple aux internautes de visiter une maison virtuelle. Voilà bien une extraordinaire possibilité d'accélération ! L'évolution de la cybersphère se réalise en quelques décennies.

On peut assimiler l'approche darwinienne à un mécanisme de création de variété, c'est-à-dire à un « générateur aléatoire de variétés* ». Je reviens à mon exemple d'Internet. Dans le cyberespace, de nombreux programmes seront (un peu comme l'ADN, d'une certaine manière) téléchargés, utilisés, copiés, améliorés, etc., par des utilisateurs. En reproduisant ces programmes, les internautes vont parfois commettre des erreurs, parfois les améliorer. Certains vont développer de nouveaux programmes à partir des programmes originaux que les internautes, d'une manière variée, vont alors choisir de conserver ou d'éliminer selon leur intérêt pour les fonctions proposées. Les mauvais programmes seront rejetés. Ceux qui seront adaptés à un usage donné viendront renforcer l'existant. On note que les mêmes mécanismes de reproduction, de copie, de variation, de disparition et d'adaptation s'appliquent aux objets du cyberespace comme à l'ADN.

Ce phénomène crée de la complexité, et donc des systèmes de plus en plus variés, interdépendants, sélectifs et adaptés à l'environnement dans lequel ils évoluent.

On peut schématiser ce processus par une spirale très simple, en trois dimensions : plus elle tourne, plus la complexité s'accroît. Le premier tour de cette spirale est composé d'agents (molécules, fourmis, abeilles, groupe d'individus en train d'acheter ou de vendre des produits sur un marché...). Ces agents entretiennent des liens entre eux (par le langage, les phéromones*, le cyberespace...). Grâce à ces liens, ils créent des réseaux susceptibles d'être reproduits. Ainsi, quand un réseau fonctionne, un autre se reproduit à l'identique. Ces réseaux sont dotés d'une capacité d'apprentissage. Ainsi, quand une population survit, ou quand une série de programmes survit, on considère que le système a « appris » que ces programmes (ou cette population) étaient les mieux adaptés à leur environnement.

Il existe, comme dans tout réseau dynamique – ou dans toute structure dissipative, pour reprendre la théorie de Prigogine –, des fluctuations vers le haut ou vers le bas pouvant conduire à des ruptures si drastiques que le réseau risque de disparaître. Par ailleurs, d'autres fluctuations peuvent être amplifiées. Ces amplifications conduisent à ce que j'ai appelé l'« autocatalyse* ». Avec l'autocatalyse, le système se développe sans aide extérieure en « s'autosélectionnant ». De cette autosélection* émerge une organisation qui canalise et régule cette énergie reproductrice. Cette organisation va elle-même aboutir à l'émergence de propriétés nouvelles, à la transmission de certaines propriétés à la structure suivante ; la structure qui naît est en symbiose avec la structure précédente. Et ainsi de suite.

Ce système, imaginé en spirale, fournit un début de réponse au processus d'émergence d'un système complexe. Toutefois, cette explication ne suffit pas à nous renseigner sur l'évolution d'un système complexe. On a imaginé qu'il pouvait s'autocréer par autocatalyse, par émergence de propriétés nouvelles. Mais que devient-il ensuite ?

La sélection naturelle ne suffit pas

Un système complexe (une cellule vivante, un organisme vivant, une ville ou un système économique) est irrigué par trois flux principaux : de l'énergie, de l'information et des matériaux. Il en ressort trois éléments : des actions (sur son environnement), différents effets (sur lui-même ou sur son environnement) et des déchets (ou du désordre). L'ensemble de ces effets permet ce qu'on appelle en cybernétique* la « régulation du système ». L'emploi du thermostat est un exemple simple de régulation d'un système. Le thermostat mesure la température d'une pièce ;

si celle-ci est trop élevée, il commande une baisse de chauffage. Si elle est trop faible, il commande une hausse. C'est la régulation par effet rétroactif* (ou *feedback*), c'est-à-dire par la génération et l'interprétation d'une information sur l'écart avec l'objectif.

Ainsi, le système complexe va (à l'intérieur de sa propre structure dissipative traversée par ces flux) générer du désordre et de l'organisation. Les sociétés humaines font exactement la même chose en créant du désordre, par exemple lorsqu'une foule envoie des pavés dans une vitrine au cours d'une manifestation... À l'inverse, lorsque nous travaillons ou assistons sagement à une conférence, nous générons une forme d'organisation. Ainsi, à l'intérieur du système peut naître du désordre et de l'organisation.

Il existe trois évolutions possibles dans un système complexe.

Premièrement, l'entropie* ou l'accroissement du désordre. L'entropie est une grandeur physique mesurant l'accroissement du désordre ou la probabilité du système. Si l'entropie augmente, la désorganisation s'accroît et le système disparaît.

Deuxièmement, l'auto-organisation* du système, qui compense juste l'augmentation du désordre. C'est le *statu quo*.

Troisièmement, la production d'organisation et d'ordre (il s'agit d'ordre dynamique ; je ne parle pas de l'ordre sclérosé, totalitaire) est supérieure à la production d'entropie. À ce moment-là, l'auto-organisation du système augmente plus vite que l'entropie. Donc la complexité s'accroît et le système évolue progressivement dans le temps.

Il nous faut maintenant recourir à d'autres notions pour réussir à comprendre l'émergence de la complexité. Pourquoi subitement, alors qu'il ne se passait rien, un événement survient ? Comment expliquer la notion de « rupture » ou celle de « seuil » ? On parle alors d'« effets de seuil », et ces effets de seuil conduisent à l'émergence de propriétés nouvelles par « autocatalyse » et « autosélection ».

Il s'agit là de deux termes très importants, dont le premier, l'autocatalyse*, signifie que le système s'accélère de lui-même. L'autosélection* signifie que le système s'accélère tellement qu'il va drainer à son profit l'énergie et l'information qui servaient à d'autres populations. En d'autres termes, il se catalyse lui-même et exclut les autres. Le système s'autosélectionne, en excluant les autres sur le plan temporel.

On comprend désormais que la sélection naturelle ne suffit pas. Voilà pourquoi la notion darwinienne nécessite d'être revue. Darwin l'a pressenti en découvrant le fameux schéma de Malthus, qui démontre l'accroissement arithmétique des ressources alimentaires et l'accroissement géométrique de la population. Darwin se rend compte qu'il existe un « fossé temporel ». En effet, si la nourriture s'accroît linéairement et si, dans le même temps, la population s'accroît exponentiellement, il ne sera plus possible de nourrir tout le monde. C'est le fossé temporel de Malthus qui a donné à Darwin l'idée de la sélection naturelle.

Ces lois générales s'appliquent également à la politique et à la géostratégie. Aujourd'hui, par exemple, on observe que certains États, grâce à leur dynamisme économique ou à leur volonté hégémonique, parviennent à sélectionner à leur profit les ressources et les informations du monde entier. Ils s'autosélectionnent par exclusion (des autres pays, ou des autres populations). On retrouve, d'une certaine manière, la prédiction de Malthus, résultant cette fois de politiques de croissance et de la compétition de pays parmi les plus développés.

La simulation* aide à mieux comprendre l'émergence de la complexité, grâce à quelques exemples signifiants choisis dans un certain nombre de systèmes très simples.

La guerre des boutons

Stuart Kauffman, professeur au Santa Fe Institute[5], a proposé un modèle très intéressant des effets de seuil. Pour comprendre son idée, il suffit d'imaginer une table de billard et, sur le tapis vert, des dizaines de milliers de boutons percés ainsi que des fils. Le jeu consiste à glisser les fils dans les trous des boutons puis à tirer sur l'un des fils afin de voir combien de boutons seront attachés ensemble. Évidemment, au début, le jeu n'est pas très amusant : vous ne réussirez à tirer que quatre boutons par exemple, sur les cent mille disposés sur le billard... Mais plus vous tirez de fils, plus ceux-ci vont s'entremêler. Petit à petit, des groupes de boutons isolés vont rejoindre d'autres groupes qui représentent chacun autant de milliers de boutons. Vos chances de tirer un groupe (ou *cluster*) vont augmenter selon un certain ratio de fils dans les boutons.

Par exemple, si l'on dispose vingt fils sur vingt boutons, les boutons portant, par exemple, les numéros 1, 14, 13, 8, 2 et 20 se trouveront réunis. Si l'on passe ensuite un

[5] Le Santa Fe Institute, dans le désert du Nouveau-Mexique, est l'un des endroits les plus réputés au monde (avec l'Université libre de Bruxelles) où des économistes, des immunologistes, des neurobiologistes, des mathématiciens, des physiciens étudient l'évolution des systèmes complexes.

autre fil, on augmente brusquement la possibilité qu'une grande quantité de boutons s'agrègent les uns aux autres. Si l'on trace un graphique avec, en ordonnée, la taille du plus gros ensemble de boutons susceptible de suivre si on tire sur un fil et, en abscisse, le ratio du nombre de fils traversant les boutons, qu'obtient-on ? D'abord une courbe, très plate au début, puis qui se redresse subitement lorsque le taux fils-boutons se situe aux alentours de 0,5. Cette brusque croissance ressemble à ce que les chimistes appellent une « transition de phase ». Puis la courbe se stabilise à nouveau en s'aplatissant. En effet, si on continue à passer les fils à travers les boutons, même si l'on parvient toujours à trouver des trous libres, les chances d'attraper un plus gros ensemble de boutons que le précédent diminuent, puisque tous ou presque sont déjà reliés les uns aux autres.

Cette courbe en S, dite « sigmoïde* », est caractéristique de l'apparition brutale des « mutations » (les spécialistes parlent de mutations sociales ou de révolutions) ou des « seuils » auxquels on peut attribuer, notamment, l'origine explosive de la vie. Il s'agit, dans ce cas, de quantité de petits éléments qui se connectent en réseaux les uns aux autres à l'intérieur de systèmes complexes non encore vivants, ou de réseaux moléculaires non encore connectés. Au temps du précambrien par exemple, il y a six cents millions d'années environ, lorsque le protérozoïque, dernier épisode du précambrien, précède l'apparition de formes de vie complexe sur Terre, seules quelques algues et quelques bactéries végétaient dans les océans et dans des « petits trous » (pour faire référence au jeu des fils et des boutons). Beaucoup plus tard, les mêmes processus à l'œuvre font émerger, par exemple, le système économique avec la pratique du troc d'abord, puis l'invention de la monnaie.

Le bond Internet : un saut quantique dans le temps

Cette explosion subite s'applique aussi à l'évolution d'Internet. En effet, le modèle de Stuart Kauffman[6], avec ses boutons et ses fils, peut représenter les hyperliens, les courriels, les sites Web, les signets (ou *bookmarks*)… Si l'on reproduit son schéma avec, en abscisse, le nombre de liens et de sites Web, et, en ordonnée, la taille du plus grand ensemble (groupe ou *cluster*) de sites Web par pays liés les uns aux autres, on obtient une courbe. On constate qu'il ne se passe rien pendant une longue période, puis, à un instant « T », survient un événement brusque et de grande ampleur. Après avoir stagné plusieurs années durant, la courbe du développement d'Internet s'est accélérée jusqu'à accomplir un bond gigantesque en 2007 en rassemblant plus d'un milliard d'internautes !

Pour étayer ma démonstration, j'ai demandé à un chercheur de déterminer le nombre moyen d'adresses mail et de signets dont dispose chaque personne. On peut considérer qu'un internaute moyen possède aujourd'hui environ cinquante adresses mail et cinquante signets. Grâce aux agents intelligents et aux robots (ou moteurs de recherche), on peut facilement imaginer que l'internaute du futur disposera d'un millier de signets et de dix mille adresses mail. D'ici à 2015 ou 2020, on va sans doute assister à une

[6] Stuart F. Kauffman, *The Origins of Order*, Londres, Oxford University Press, 1993. http://www.santafe.edu/sfi/People/kauffman/

surprenante transition de phase. Vers quoi ? L'avenir nous le dira…

Ces deux exemples, la « guerre des boutons » et le bond d'Internet, montrent que certaines structures évoluent de telle sorte que, à un moment donné, l'émergence de propriétés nouvelles provoque un saut quantique dans le temps. Quelque chose de totalement nouveau apparaît et introduit la dimension temporelle dans l'émergence de la complexité.

Si l'on poursuit dans cette voie, une autre question se pose : aujourd'hui, grâce à l'ordinateur, comment peut-on étudier l'émergence de la complexité à partir du simple ? En d'autres termes, comment la simplicité peut-elle générer de la complexité ?

Des milliers de poupées russes

« Structures fractales* » et « automates cellulaires » : autant de nouvelles théories permettant d'expliquer comment, en passant de niveau hiérarchique* en niveau hiérarchique, la complexité s'accroît.

En premier lieu, je souhaiterais rendre hommage au « maître » de cette discipline et père des fractales, Benoît Mandelbrot[7]. Mathématicien français d'origine polonaise né en 1924, Mandelbrot est l'inventeur de la géométrie fractale. Il a découvert une nouvelle classe d'objets mathématiques, les objets fractals, et développé les premiers logiciels de calcul associés.

[7] Benoît Mandelbrot, *Les Objets fractals : forme, hasard et dimension*, Flammarion, 1975.

L'encyclopédie Wikipedia.fr donne une excellente définition du mot *fractal* tout en rappelant que celui-ci a été inventé par Benoît Mandelbrot en 1974 sur la racine latine *fractus* (« brisé, fractionné »). À l'origine, il s'agissait d'un adjectif et on parlait d'« objets fractals ». On nomme *fractale* (ou *fractal*) une courbe ou surface de forme irrégulière ou morcelée qui se crée en suivant des règles déterministes ou stochastiques (phénomènes aléatoires liés à la théorie des probabilités). On parle d'une structure fractale, d'un nombre fractal ou, en abrégé, d'une fractale. Mais qu'est-ce exactement qu'une structure fractale ?

Une structure fractale est une structure homogène ou homologue, c'est-à-dire qui reste identique à elle-même quel que soit son niveau d'observation. Qu'on l'étudie au microscope, à l'échelle humaine, au télescope ou depuis un satellite, sa structure demeure toujours la même. Elle évoque des structures emboîtées les unes dans les autres, un peu à l'image de milliers de poupées russes...

Pour vous aider à mieux comprendre ce type de structure, je vous invite à réaliser un petit exercice très simple. Vous dessinez un triangle, puis, sur chacune des faces, vous tracez un nouveau triangle dont la base mesure la moitié de la ligne de votre triangle de départ. Ensuite, sur chaque face de vos petits triangles, vous dessinez un plus petit triangle, et ainsi de suite. Vous remarquez évidemment que la taille de vos triangles se réduit tellement que vous ne parvenez plus à insérer de nouvelles figures. L'ordinateur, en revanche, peut réaliser des triangles minuscules. Ainsi, l'ordinateur peut « complexifier » une simple ligne. Il peut créer une structure fractale d'une fantastique complexité à une vitesse prodigieuse.

On a baptisé cette fractale le « flocon de Koch ». Vous pouvez visualiser de magnifiques représentations en couleurs sur le site Internet http://fr.wikipedia.org/wiki/Fractale.

Si vous observez un petit morceau d'une structure fractale ressemblant à des plumes de paon, vous distinguez une petite structure en germe ainsi qu'une plus grande structure. Tout semble emboîté. Tout est dans tout et vice versa, comme dirait Alphonse Allais.

Grâce à des équations très simples (qui tiennent en une ligne), on peut générer par ordinateur des formes et des couleurs permettant d'obtenir des structures très complexes qui ressemblent au vivant.

Quand le simple génère de la complexité

Comment peut-on générer des structures qui ressemblent à s'y méprendre à des cellules, à des éclairs ou à des insectes, simplement avec des nombres ? La réponse peut paraître surprenante mais, contrairement à ce que les scientifiques ont longtemps pensé, le simple répété génère de la complexité. On est maintenant convaincu que l'ADN fonctionne sur ce principe. L'ADN travaillerait en binaire pour construire la structure du vivant en trois dimensions[8].

La théorie du chaos*[9] (devenue célèbre grâce à l'image un peu éculée du papillon qui, en butinant innocemment une fleur à l'île Maurice, serait capable de provoquer une tempête en Nouvelle-Calédonie…) et, en particulier, du chaos déterministe nous enseigne que la complexité peut

---

[8] Voir également à ce sujet la quatrième partie du présent ouvrage : Biotechnologies, santé et médecine, p. 161.

[9] James Gleick, *La Théorie du chaos : vers une nouvelle science*, Flammarion, collection « Champs », 1991.

naître des « interactions chaotiques » entre des agents (ou éléments), ces interactions générant finalement de l'ordre à partir du désordre.

Ces dernières années, Benoît Mandelbrot (mais aussi Ilya Prigogine ou Francisco Varela, aujourd'hui décédés) et de nombreux autres chercheurs se sont penchés sur cette notion révolutionnaire.

On peut générer des structures fractales à partir d'éléments très simples en utilisant un PC. Il est possible, en effet, de fabriquer des structures imitant la queue des hippocampes (celle-ci étant probablement construite par l'ADN sur ce même modèle dans la réalité : de proche en proche).

Grâce à certains programmes, on peut également représenter une fougère virtuelle. Chaque petit rameau de cette fougère virtuelle représente la structure de la fougère dans son ensemble.

Comme je l'ai expliqué précédemment, dans le temps, la dynamique peut conduire à des effets de seuil entraînant l'émergence de propriétés nouvelles. Grâce à Benoît Mandelbrot et à la théorie du chaos simulée sur ordinateur, on a vu que des éléments très simples peuvent générer des structures d'une grande complexité. La question maintenant est de savoir s'il existe des relations entre des systèmes complexes très différents, c'est-à-dire appartenant aux mondes de la chimie, de la physique, de la biologie, des sciences humaines, de l'écosystème, de la Bourse ou à tout autre domaine apparemment sans rapport avec les autres.

La spirale de Fibonacci, un des « trucs » de la nature

Il y a seulement trois décennies, quiconque se serait risqué à évoquer cette question se serait immanquablement exposé au courroux de la communauté scientifique ! Les mentalités évoluent heureusement et, pour la première fois depuis une quinzaine d'années, et surtout depuis ces cinq dernières années, de plus en plus de chercheurs acceptent l'idée que la nature possède ses propres « trucs », qu'elle applique et répète à l'infini en créant de la complexité autour de nous.

Il apparaît que des systèmes très différents (plantes, minéraux, animaux, structures inventées par l'homme...) partagent des similarités étonnantes. Je me permets de faire référence à un autre mathématicien que j'admire particulièrement. Il s'agit de Léonardo Pisano (Léonard de Pise), plus connu sous le nom de Fibonacci. Né à Pise en 1170, Fibonacci a vécu avant Léonard de Vinci, qui s'en est d'ailleurs beaucoup inspiré. Pour l'anecdote, « Fibonacci » est un surnom issu de *filius Bonacci* (« fils de Bonacci »), qui signifie : « chanceux, de bonne fortune ».

Ce cher Fibonacci a été frappé par l'homologie de structure révélée dans les plantes, dans la façon dont les cristaux se construisent dans l'espace ou dont certains éléments se construisent en tournant sur eux-mêmes. C'est le cas des spirales ou des coquillages par exemple. Il en a déduit la « série Phi » : 0 ; 1 ; 1 ; 2 ; 3 ; 5 ; 8 ; 13 ; 21 ; 34 ; 55 ; 89 ; 144 ; etc. Pour obtenir cette suite, il suffit simplement d'additionner le chiffre ou le nombre obtenu avec celui qui précède.

La beauté de la série Phi réside dans le fait que lorsque l'ordinateur obtient des nombres très grands, le rapport entre les nombres consécutifs reste constant[10]. En d'autres termes, si vous divisez le plus petit par le plus grand, ou encore le plus grand par le plus petit, vous obtenez un rapport constant égal à 0,6180339887 ou 1,6180339887. Ce nombre s'appelle « Phi ». Tout le monde a entendu parler du « nombre d'or », du nombre du rectangle d'or ou du triangle d'or, inventé depuis des siècles dans le pentagramme. Ce nombre d'or ne doit bien sûr pas être confondu avec « Pi » (3,1415926).

Voici quelques exercices très simples pour illustrer mon propos. Si vous dessinez une étoile à cinq branches et reliez les éléments de cette étoile (les points de l'étoile), vous obtenez un pentagone. Si vous prolongez chacun des éléments de cette étoile, vous créez un deuxième pentagone au centre de l'étoile, pentagone dans lequel on peut dessiner une petite étoile, et ainsi de suite, à l'infini. Si vous calculez le rapport d'un côté de l'étoile à un côté du pentagone interne ou externe, vous obtenez des triangles d'or et donc le nombre Phi…

Tracez un petit carré et glissez un autre petit carré de taille identique à côté. Dessinez ensuite un carré du double de la taille des précédents, et ainsi de suite. Si vous établissez le rapport de ces surfaces (ou de ces distances) entre elles, là encore, vous obtenez une série de Fibonacci. Maintenant, tracez une courbe reliant l'intérieur de chacun de vos carrés

[10] Mario Livio, *The Golden Ratio : the Story of Phi, the World's Most Astonishing Number*, Broadway Publishers, 2002.

en commençant par le plus petit. Vous réalisez une spirale, dite « spirale de Fibonacci ».

Ainsi, des coquillages rappellent une spirale de Fibonacci. Cette spirale se retrouve dans les plantes, les tournesols (des spirales de Fibonacci entremêlées), la pomme de pin, le cactus ou la marguerite. Si vous vous amusez à compter les pétales de la marguerite, vous aboutirez à un nombre appartenant à la série de Fibonacci.

La question est : pourquoi la nature utilise-t-elle la série de Fibonacci ?

Dans l'espace, les relations entre structures végétales complexes évoluent en tentant de créer le moins d'encombrement possible et de recevoir ainsi un ensoleillement maximum favorisant la photosynthèse. L'empilement de structures biologiques dans l'espace s'effectue donc selon des règles que les scientifiques commencent seulement à découvrir.

Certains se souviennent sûrement d'avoir étudié en cours de chimie le tableau de Mendeleïev (ou tableau périodique des éléments). Ce tableau démontre comment différents éléments se situant à des degrés de complexité différents présentent des propriétés voisines. Le biochimiste français Jacques Monod[11] (1910-1976), prix Nobel de médecine 1965 (avec François Jacob[12] et André Lwoff), a cherché la solution tout au long de sa vie. Il pensait trouver une sorte de « tableau de Mendeleïev » du classement des protéines*, qui, selon lui, possèdent des structures « économes » en énergie, favorisant leur stabilisation.

[11] Jacques Monod, *Le Hasard et la Nécessité. Essai sur la philosophie naturelle de la biologie moderne*, Le Seuil, 1970.
[12] François Jacob, *La Logique du vivant, une histoire de l'hérédité*, Gallimard, 1970.

Des attracteurs étranges

Stuart Kauffman – encore lui – a utilisé les idées de Monod dans ses simulations sur ordinateur. Il est parvenu à cette conclusion : sur les milliards de possibilités d'interactions génétiques susceptibles de fabriquer des cellules, on aboutit à 256 types de cellules composant les organismes vivants. En théorie du chaos, on parle d'« attracteurs étranges » : certaines structures sont sélectionnées ; d'autres non.

Grâce à tous ces travaux, on peut désormais expliquer pourquoi les nombres de Fibonacci apparaissent dans des structures vivantes, des organisations cellulaires ou des coquilles d'organismes marins... Ainsi, les chercheurs comprennent mieux certains des mécanismes par lesquels se réalise progressivement l'évolution vers des systèmes de plus en plus complexes.

Sans faire d'analogie immédiate entre la biologie et les réseaux de communication, on peut comparer le cerveau avec l'organisation d'Internet. Des travaux sérieux, menés à l'échelle mondiale, expliquent qu'Internet se développe un peu comme les synapses, les neurones, les axones ou les dendrites (ces petites liaisons qui permettent aux neurones de communiquer entre eux ou avec les muscles) d'un cerveau humain. Internet fait appel à des mécanismes non pas analogues mais voisins, que les scientifiques appellent « isomorphes ».

Internet utilise en effet des « autoroutes de l'information » assez comparables à des axones. Les dendrites (ces ramifications ou ces petits capillaires qui permettent à Internet d'arriver à domicile) situées au bout du fil relient les gros systèmes de connexion appelés *hubs*. Les chercheurs des laboratoires Bell ont calculé la vitesse à laquelle un « écho numérique » revient en envoyant une information sur Internet. Ils en ont également déduit comment fonctionnent les autoroutes de l'information et quelles sont leurs ramifications sur le réseau.

Règles de survie et lois d'échelles

Internet serait donc une sorte de système nerveux dont les internautes seraient les neurones… Il possède une structure de base, fractale (telle que décrite par Mandelbrot), bâtie sur le modèle des capillaires sanguins de l'être vivant.

Pourquoi et comment cette complexité est-elle générée ? Que vous observiez des capillaires sanguins, le delta d'une rivière, une feuille et ses nervures, un arbre et ses branches, les réseaux de Malpighi* des reins humains, vous constaterez que tous ont en commun une même structure de base.

On commence seulement à comprendre comment un système complexe parvient à survivre et à évoluer et comment il exerce un effet sur la nature. Ces règles de base de la survie du système complexe sont au nombre de trois :

1. La structure ramifiée (ou arborescente) doit pouvoir amener de l'énergie et de l'information dans un volume donné. Les autoroutes se ramifient en routes nationales ou départementales, puis en chemins de traverse, jusqu'à l'allée menant au garage de la maison. De même, les communications téléphoniques transitent par le câble avant de solliciter le fil téléphonique qui dessert l'habitation.
2. La taille du plus petit capillaire (ou rameau) est de nature invariante quel que soit l'organisme qui le porte. En d'autres termes, la plus petite cellule du sang (qu'il

s'agisse d'une cellule d'abeille ou d'une cellule d'éléphant) possède la même taille que le plus petit capillaire d'une cellule de baleine... Ainsi, quelle que soit la taille de l'organisme, celui-ci est formé de cellules dont les tailles sont invariantes à quelques microns près.
3. Les flux d'énergie et de matière sont optimisés, notamment par les flux d'information. Le système se doit d'être le plus efficace possible. Le taux « dépense d'énergie/contribution au maintien de la structure » est faible.

Pour prendre un exemple simple mais parlant, si l'on calcule la masse d'un éléphant ou la masse d'une souris (quelques tonnes pour l'un ; quelques grammes pour l'autre) puis leur métabolisme* (c'est-à-dire la vitesse à laquelle chacun d'eux dépense l'énergie par seconde, en watts) et qu'on établit ensuite le rapport « watts sur masse » (l'éléphant représente 1 000 watts pour quelques tonnes ; la souris 0,1 watt pour quelques centaines des grammes), on est surpris d'observer que ces organismes, ô combien différents, s'alignent sur une droite. On aboutit à ce qu'on appelle des « lois d'échelles » (*scaling laws*), c'est-à-dire des lois demeurant constantes quels que soient les organismes étudiés et les niveaux d'observation.

Cette loi fondamentale de la nature que l'on commence à peine à découvrir est invariante. Il apparaît que la complexité se génère structurellement de manière plus simple qu'on le croyait. De même, le maintien dynamique du flux d'un système complexe répond à des lois, communes à des êtres vivants dont la complexité peut être totalement différente.

Et le temps dans tout ça ?

On a compris l'influence du temps dans les effets de seuil et les effets d'émergence*. On va voir maintenant que des structures fractales peuvent se retrouver dans le temps. On parle de « fractalisation » du temps.

C'est le sujet du livre *Les Arbres de l'évolution*, des scientifiques français Jean Chaline, Pierre Grou et Laurent Nottale[13], respectivement paléontologue, économiste et astrophysicien. Les résultats de leurs recherches publiées à l'Académie des sciences en 2002 ont d'ailleurs été débattus avec passion.

En étudiant un morceau de l'arbre de l'évolution classique, darwinien donc, avec, en haut de ses rameaux, les mammifères, c'est-à-dire l'homme, les chimpanzés, les gorilles, etc., Chaline, Grou et Nottale ont découvert que, à l'échelle du temps (sur des millions d'années par exemple), l'apparition des grands rameaux divergents des espèces revêt une structure fractale. On retrouve les carrés de Fibonacci ainsi que les rapports de Fibonacci (13, 8, 5, 3, 1). Si vous étudiez les os d'une main radiographiée, vous les retrouvez également (8, 5, 3, 1).

On découvre progressivement ces structures fondamentales. Cette sorte de constante, qui n'a évidemment rien à voir avec la numérologie, se retrouve partout, y compris à l'échelle du temps.

Des voisins qui vous veulent du bien

Je me permets une petite digression car je souhaiterais vous soumettre une approche contestée actuellement. Je

---

[13] Laurent Nottale, Jean Chaline et Pierre Grou, *Les Arbres de l'évolution*, Hachette, 2000. Laurent Nottale, *L'Univers et la Lumière*, Flammarion, 1993.

veux parler des automates cellulaires*, repris par un mathématicien (génial pour certains, usurpateur pour d'autres) nommé Stephen Wolfram[14].

Wolfram est l'auteur de *A New Kind of Science*, dans lequel il estime que la complexité peut émerger et se générer de proche en proche, à travers des structures très simples appelées « automates cellulaires ». Je rappelle que l'inventeur de l'ordinateur, John von Neumann, a proposé deux structures différentes : les automates cellulaires, très proches d'une machine de Turing*, et l'ordinateur à mémoire interne (que tout le monde utilise aujourd'hui) avec un programme central gérant toutes les fonctions du PC.

Si l'on s'intéresse à nouveau aujourd'hui aux automates cellulaires, c'est en raison des progrès en biologie et d'une capacité à fabriquer des automates cellulaires de manière très différente, notamment par simulation* sur ordinateur. Pour simplifier, un automate cellulaire est une petite cellule (un carré, un hexagone, un triangle…) dont l'état (blanc ou noir par exemple) dépend de l'état des cellules voisines. Par exemple, dans le « jeu de la vie*[15] », une cellule vide ayant exactement trois voisines sera occupée à l'étape suivante (naissance liée à un environnement optimal) ; une cellule occupée ayant deux ou trois voisines sera maintenue. Sinon (moins de deux ou plus de trois voisines), elle est vidée (destruction par désertification ou surpopulation). Des règles très simples vont ainsi permettre à l'automate cellulaire de traiter l'information en fonction de celle qu'il reçoit de ses voisins.

---

[14] Stephen Wolfram, *A New Kind of Science*, Wolfram Publications, 2002. http://www.wolframscience.com/

[15] Voir http://fr.wikipedia.org/wiki/Le_jeu_de_la_vie

Fort de ces enseignements, Wolfram a généré des structures d'une extraordinaire complexité reproduisant le dessin des coquillages, des plumes de paon, des zébrures d'animaux ou des cristaux de neige. Il est ainsi parvenu à démontrer que l'on pouvait faire émerger des structures très complexes de proche en proche, à partir d'éléments très simples.

Ses travaux m'ont inspiré cette réflexion. Il me semble que l'homme, depuis l'origine, a eu l'*intuition* de la relation entre la « fractalité », la complexité et l'expression. Des représentations datant de trente mille ans avant Jésus-Christ, mauresques, africaines, éthiopiennes ou sud-américaines, traduisent, à travers les inventions ou les expressions de l'être humain, une sorte de relation, d'osmose avec l'organisation fractale de la complexité du monde dans lequel nous vivons.

Les grands artistes, depuis les mandalas indiens jusqu'aux compositions des grands peintres tels que Paolo Uccello dans sa *Bataille de San Romano*, Bonnard, Vuillard, Kandinsky et bien d'autres, abstraits ou cubistes, retrouvent d'une manière naturelle, dans le détail de leur interprétation, ces structures de la nature « en poupées russes ».

Différentes méthodes aident ainsi à mieux comprendre comment la complexité se génère par mutation-sélection naturelle, et en quoi l'ordinateur et la simulation permettent de faire apparaître des effets de seuil, des structures fractales, emboîtées les unes dans les autres. J'aimerais maintenant tenter de répondre à cette question : à quoi conduit la complexité des hommes dans la société organisée – ou désorganisée – dans laquelle nous vivons et au sein de laquelle nous sommes reliés les uns aux autres par des systèmes de communication de plus en plus envahissants (mots, images, sons, multimédia…) ?

Cette complexité, en raison même de sa fragilité, ne risque-t-elle pas de conduire à de grandes catastrophes, aux réseaux terroristes et à la destruction totale des villes et des sociétés humaines ? Cette complexité peut en effet déboucher sur le pire comme sur le meilleur[16]… C'est le cas dans la recherche médicale : des chercheurs du monde entier se connectent actuellement les uns aux autres *via* Internet et unissent leurs efforts et leur intelligence pour trouver des traitements contre le cancer ou le sida.

Je préfère retenir le scénario, non pas optimiste, mais « constructif », selon lequel la complexité peut aboutir à l'émergence d'une forme d'intelligence collective chère à Pierre Lévy[17] qui a largement traité cette question.

Pour soutenir ma démonstration, je choisis de vous présenter deux exemples très simples que je tenterai de généraliser. Il s'agit des sociétés d'insectes : les fourmis et les abeilles.

La route du miel

Il n'est pas inutile de rappeler que l'on considère les abeilles comme « intelligentes » parce qu'elles savent indiquer à leurs congénères la route du miel. De même, les termites sont capables de construire des colonnes de ventilation pour leur termitière géante. En fonctionnant

---

[16] Voir sur ce thème et sur l'émergence de la complexité sociétale, Jacques Robin et Laurence Baranski, *L'Urgence de la Métamorphose*, Des Idées & des Hommes, janvier 2007. Voir également sur les risques des nouvelles technologies, Jacques Attali, *Une brève histoire de l'avenir*, Fayard, 2007.

[17] Pierre Lévy, *Intelligence collective. Pour une anthropologie du cyberspace*, La Découverte, 1994. Voir aussi Joël de Rosnay, *L'Homme symbiotique. Regards sur le troisième millénaire*, Le Seuil, 1995.

comme un organisme vivant, l'ensemble de la ruche ou de la termitière parvient à créer de l'intelligence collective.

Si l'on observe la manière dont les fourmis privilégient le chemin le plus court pour atteindre leur nourriture, on peut en déduire qu'elles sont intelligentes car elles savent trouver le parcours le moins coûteux en énergie. Or, cela ne se passe pas tout à fait ainsi.

Si l'on renverse un pot empli de confiture à quelque distance d'une fourmilière, mais que ce pot n'est accessible qu'en contournant un obstacle dissymétrique (par la droite, le chemin est plus court ; par la gauche, il est plus long), les premières fourmis qui ont trouvé la nourriture ont autant de chances de revenir en empruntant soit le côté gauche, soit le droit... On sait que les fourmis sont pratiquement aveugles et communiquent avec leurs antennes grâce à un parfum, une petite goutte très odorante appelée « phéromone* », qu'elles déposent sur la route pour signaler à leurs congénères de les suivre. L'odeur des phéromones s'estompant au bout d'un certain temps, les fourmis privilégient logiquement la distance la plus courte. C'est un peu le principe des embouteillages parisiens : la majorité va privilégier l'itinéraire le plus court, ou censé être le plus rapide, plutôt que le circuit touristique.

Ainsi, lorsque les fourmis se déplacent sur une distance courte, l'odeur des phéromones est d'autant plus forte que le circuit est embouteillé. Donc, les chances pour que la fourmi suivante choisisse le chemin le plus fréquenté sont plus importantes. En déposant son parfum, chaque nouvelle fourmi renforce, par un effet de *feedback* positif d'amplification (ou d'autocatalyse*), un chemin par rapport à un autre et, au bout d'un certain temps, toute la colonne de fourmis aura opté pour le chemin le plus court.

Pourquoi le chemin le plus court est-il plus important pour les fourmis ? Tout simplement parce qu'elles vont économiser de l'énergie et cette énergie pourra être investie globalement dans le maintien et la protection de la fourmilière, des reines, des œufs, du nettoyage, etc., contribuant ainsi à la survie de l'espèce, au sens darwinien du terme.

Par conséquent, les éléments clés de la survie d'un système complexe (une fourmilière est un système complexe) sont les suivants :

1. La complexité n'est pas programmée dans les éléments isolés, ou au sein des individus, mais naît de la *dynamique des interactions* (des molécules ou des cellules avec leurs propriétés ; des humains avec leur langage, leurs rapports de forces, leurs amours, leurs conflits ou leurs intérêts...).
2. L'individu ne connaît pas le plan de construction de l'ensemble de la structure à laquelle il participe.
3. La complexité émerge des interactions entre agents (dans nos sociétés, ce sont les lois, les valeurs, la morale...).
4. Des propriétés nouvelles peuvent émerger de la collectivité organisée.

Si l'on reprend l'exemple de la termitière, cette réalisation, qui, bâtie telle une cathédrale gothique (avec ses galeries d'aération, ses colonnes ou ses piliers), peut se dresser sur plus de cinq mètres de hauteur, exclut que les termites connaissent le plan d'architecture de l'ensemble. Pourtant, ces insectes mâchonnent de petites boulettes de glaise et positionnent leurs phéromones tout autour. Les chances pour qu'un autre termite capte les signaux puis dépose à son tour sa boulette de glaise au même endroit, augmentent les possibilités, par autocatalyse, que d'autres boulettes soient déposées au même endroit par d'autres congénères, qui participent, sans en avoir réellement conscience, à l'érection de la termitière.

Il ne faut pas, bien sûr, confondre les sociétés d'insectes avec les sociétés humaines. Alors que les insectes gagnent facilement en intelligence collectivement, les hommes les plus intelligents individuellement peuvent l'être beaucoup moins en groupe. Pour construire une véritable intelligence collective, incarnée par les sciences, il faut une grande liberté mais aussi toute une organisation, des filtres, des processus de validation, de vérification, de correction d'erreurs assurant la reproduction du savoir antérieur. Si la science ne sait pas où elle va, elle sait qu'elle veut savoir. Les systèmes complexes exigent une direction par objectif, des finalités partagées et des régulations qui ne sont pas données à l'avance, mais bâties au fur et à mesure qu'on apprend de nos échecs. Notre avenir n'est pas voué aux seuls aléas des éléments mais à nos connaissances accumulées, à nos capacités de prévisions ainsi qu'à notre action collective. Si nombreuses que soient donc les homologies entre des systèmes complexes très différents, il ne faut néanmoins pas en perdre de vue les différences.

Le chemin se fait en marchant

J'ai tenté de décrire différents types de symbiose* dans mon livre *L'Homme symbiotique*. J'ai essayé d'expliquer comment l'homme, en relation avec les différents réseaux techniques et humains qu'il contribue à construire, participe à l'émergence d'un niveau de complexité supérieur tout en ignorant où cela le conduira. À étudier l'évolution humaine, il semble bien que l'homme n'a aucun plan. Il marche à tâtons... Comme l'a joliment écrit Antonio Machado, « le chemin se fait en marchant » et il est vraisemblable que l'émergence de propriétés nouvelles nous éclairera sur le bien-fondé de nos choix collectifs. Avons-nous eu tort ou raison ? Il faut en tout cas que nous prenions position sur nos finalités collectives, responsables de notre futur.

Voilà pourquoi, face à l'avenir, je préfère adopter une attitude constructive et pragmatique plutôt que simplement optimiste ou pessimiste. Comme le soulignait Francis Bacon, est-ce que tout ce qu'il est possible de faire, nous devons le faire ? Ne devrions-nous pas plutôt faire ce dont nous sommes capables seulement après avoir réfléchi aux conséquences de nos actes?

S'il est une chose que les sciences de la complexité nous enseignent, en reliant pensée analytique et pensée systémique, c'est la fragilité des barrières que nous plaçons entre nature et culture. La spécialisation à outrance de notre vision du monde a rendu invisibles les grandes forces naturelles qui agissent sur les systèmes sociaux tout autant que sur la nature. Des principes fondamentaux sont à l'œuvre, qui s'expriment, à notre niveau d'observation, par de nombreuses similitudes. De l'atome à la société humaine ou à l'écosystème, en passant par la molécule, la cellule, la famille, la tribu ou la nation, les mêmes règles d'assemblage sont utilisées pour construire des structures de complexité plus grande : des modules élémentaires deviennent, après recombinaison, les éléments de construction du niveau supérieur. Les grandes fonctions de la vie, des organisations humaines ou de l'écosystème s'appuient sur les mêmes types de structures : réseaux de communication, cycles énergétiques, circulation d'information et de matière, interfaces, boucles de régulation.

*

* *

Les sciences de la complexité peuvent nous aider à penser le futur des sociétés humaines. La combinaison de la rationalité (ou de l'irrationalité) politique avec les grandes lois de la nature provoque une tension permanente en bordure de l'ordre idéal et de la turbulence stérile. C'est dans cette niche particulière que peuvent naître les phénomènes spontanés d'auto-organisation et d'accélération. C'est à ce point précis que la capacité d'adaptation et d'efficacité est la plus grande. À nous de comprendre comment nous y maintenir, afin de coévoluer avec le monde que nous avons créé et avec l'écosystème planétaire.

DEUXIÈME PARTIE

L'Internet du futur

On ne présente plus Internet… Internet est considéré aujourd'hui comme un véritable phénomène de société, qui fait apparaître, à l'échelle mondiale, de nouveaux pouvoirs, de nouveaux enjeux, de nouveaux défis, de nouveaux espoirs donc. Mais aussi, bien entendu, de nouveaux risques et de nouvelles craintes. Internet n'est pourtant pas un nouveau média comme on le décrit généralement, et j'expliquerai pourquoi dans ce chapitre.

La Cité des sciences et de l'industrie a créé son site Web, www.cite-sciences.fr, en 1994, alors qu'Internet était balbutiant. Depuis, Internet a beaucoup évolué. Il va certainement continuer à se transformer dans les années à venir, mais on peut déjà tenter d'imaginer à quoi il ressemblera dans une dizaine d'années. Ce n'est pas un exercice aisé car, d'ici à 2020, la métamorphose risque de s'accélérer tout en développant un processus de convergence vers d'autres usages ou technologies.

Nos prévisions dépendront nécessairement de l'usage que choisiront d'en faire les utilisateurs. En effet, la technologie change moins les sociétés que la réappropriation des technologies par les utilisateurs-citoyens ne modifie le cours des événements.

Dans cette partie, je développerai quelques points essentiels : la convergence technologique ; le nouvel Internet (Internet des objets, communication entre les individus, « média des masses ») ; les grands enjeux d'Internet en France et à l'étranger en matière de sécurité, de protection de la vie privée, de droits d'auteur. Enfin, je me risquerai à imaginer quelques « scénarios du futur » qui, à partir d'exemples pratiques, présenteront les grandes tendances de l'Internet de demain.

Vers la convergence technologique

Plus les technologies se marient entre elles, plus le phénomène s'accélère et se complexifie ; plus on éprouve alors de difficultés à comprendre ce qui se passe dans les différents domaines et à s'adapter aux changements. La convergence est donc liée à l'accélération.

Mon objectif ici n'est pas de donner un cours sur Internet, mais bien d'évoquer les nouveaux enjeux et les nouveaux moyens de communication en explorant différents secteurs d'activités à travers quelques exemples pragmatiques.

Pour commencer, un peu de sémantique... On a tous plus ou moins entendu parler de haut débit, de sans-fil, de multimédia, de terminaux portables multifonctions, de fonctions déportées, de localisations par satellite, de mutualisation des ordinateurs sur des réseaux conduisant à une sorte de macro-ordinateur ou métacomputer, de connexions des machines entre elles, de connexions avec les objets... Autant d'expressions associées à cette convergence technologique que je m'appliquerai à définir dans ce chapitre et qui est essentiellement une convergence numérique, le passage de l'analogique* au numérique* qui permet informatisation, reproduction et communications sécurisées. Enfin, j'insisterai également sur les « médias des masses » et leurs enjeux.

La convergence technologique rend la prospective difficile. On ne s'inscrit plus dans des filières traditionnelles, linéaires, comme c'était encore le cas ces cinq dernières années. De temps à autre, des phases d'emballement se produisent, au cours desquelles des technologies révolutionnaires explosent (il en a été ainsi du sans-fil, du satellite, du multimédia, du haut débit…), « se marient » et créent de nouveaux enjeux et services.

Dans ce contexte, Internet est désormais loin de la description qui en a été faite il y a dix ans… On a coutume de réduire Internet à une technologie de l'information et de la communication (une « TIC ») ou à un nouveau média. D'une certaine manière, c'est sans doute vrai, mais cette définition est réductrice.

Internet n'est pas une TIC, mais une TR, une « *technologie de la relation* ». La messagerie électronique, les bavardages (les fameux *chats*) et les forums de discussion ont bouleversé Internet et l'ont institué en tant qu'outil de relation. Internet ne peut être réduit à un nouveau média qui s'ajouterait à l'imprimerie, à la radio, à la télévision ou encore à la Poste. Toutes ces fonctionnalités (le texte, la radio, la télévision ou le courrier) existent aussi sur Internet. Davantage qu'un « média des médias », Internet est un « écosystème informationnel ».

Un écosystème informationnel

Un écosystème* est un système complexe* constitué de nœuds de réseaux reliés les uns aux autres par des liens. Le téléphone, le satellite, le câble, la fibre optique, etc., sont autant de liens constituant un système global ou écosystème informationnel.

Dans mon livre *L'Homme symbiotique*, j'évoque un « système nerveux » dont nous serions les « neurones ». En effet, vu de l'intérieur, le cerveau mondial d'Internet ressemble un peu à notre système nerveux. Par exemple, une information, envoyée à l'autre bout du réseau *via* un logiciel, revient en écho en suivant un certain trajet et à une vitesse que l'on peut calculer. Grâce à cette expérience, il est possible de visualiser les « autoroutes de l'information » qui permettent de connecter votre ordinateur personnel en France ou tout autre PC situé n'importe où dans le monde. Ces informations jouent un rôle analogue aux axones et aux dendrites du système nerveux[18].

Voilà donc un système qui va s'imposer en tant qu'environnement, au même titre que l'oxygène de l'air, l'alimentation qui nous permet de vivre ou l'énergie distribuée à domicile par une prise électrique ou la batterie d'une automobile. Dans cet écosystème, une multitude d'informations circuleront et une foule d'opérations seront effectuées (communications téléphoniques, programmes de télévision, signaux rapides, échanges interbancaires, réservations de billets d'avion, communications interpersonnelles...).

---

[18] Voir également à ce sujet la première partie du présent ouvrage : Voyage dans la complexité, p. 29.

Pourtant, à mon sens, l'Internet du futur n'est pas – ni ne sera – un nouveau média. Internet n'est pas une TIC mais, comme on vient de le voir, une TR, un écosystème informationnel et un outil relationnel. La preuve en est que la plupart des applications n'ont pas été inventées par des industriels ou des organismes publics qui les auraient imposées aux usagers comme des standards incontournables. Bien au contraire, ce sont les utilisateurs qui ont, par exemple, adopté et développé la messagerie électronique, devenue en quelques années l'application la plus utilisée sur Internet.

Le même constat s'applique à la téléphonie sur Internet – qui a déjà commencé à révolutionner la communication du futur –, aux SMS (*short message service*) ou aux MMS (*multimedia message service*) dont les utilisateurs, de plus en plus nombreux et « accros », ont fait le succès. On peut citer également la messagerie instantanée, le *peer to peer* (P2P*, « pair à pair » en français), les échanges de fichiers, de musiques, de films, les PC portables ou téléphones mobiles de nouvelle génération, etc., qui permettent aujourd'hui de se joindre par Internet.

Ce phénomène touche aussi les sites ou pages Web, les *blogs** et autres « cyberjournaux intimes » qui se sont multipliés ces dernières années. Tous ces outils ont émergé grâce aux utilisateurs. Bien sûr, des logiciels ont été mis à leur disposition, mais ce sont bien les internautes qui ont permis une utilisation massive de ces applications en les diffusant largement sur le Net.

Enfin, la visioconférence, dont on nous vante les mérites depuis tant d'années, devient possible dans de bonnes conditions, ainsi que la traduction en temps réel ou encore ces surprenants *tags** (ou « étiquettes ») qui permettent de suivre de manière personnalisée des objets, des idées, des sites, des individus, etc.

Quant à ce que j'appelle le « mobile Net » (l'Internet mobile), qui permet déjà d'accéder à sa messagerie électronique, de regarder la télévision, d'écouter des *flashes* d'infos ou d'envoyer des photos depuis son téléphone cellulaire, on constate que le téléphone portable tend à se transformer en un ordinateur individuel portable mais connecté en haut débit à Internet.

Cet Internet du futur, en train de naître sous nos yeux, offre d'immenses avantages et enjeux mais aussi, inévitablement, de graves inconvénients, inspirant craintes et inquiétudes.

La révolution du sans-fil

Les technologies *Wireless Fidelity* (Wi-Fi*) ou WiMAX* permettent d'envoyer un signal Internet à dix mégabits par seconde théoriques (ou dix millions de bits par seconde) grâce à un émetteur, installé au domicile ou au bureau, connecté à l'ADSL* ou au câble (Noos à Paris par exemple). Grâce à une antenne, cet émetteur va utiliser des cartes connectées à l'ordinateur (ou intégrées dans le PC) pour transmettre l'information sans fil.

Le PC est donc connecté sans fil au Net à domicile ou sur un *hotspot**, en général un lieu public très fréquenté (aéroport, hôpital, université, centre de congrès…). C'est une révolution majeure car elle est théoriquement gratuite. On peut effectivement se connecter en Wi-Fi où l'on veut, dès lors que l'on possède une connexion Internet. Si vous ne protégez pas l'accès à votre routeur, votre voisin ou n'importe qui situé dans un rayon de quelques dizaines de mètres peut librement profiter de votre routeur pour se connecter, non pas à votre PC, mais à Internet. Évidemment, les connexions payantes sont protégées. Il faut disposer par exemple d'une carte et d'un code d'accès pour se connecter en Wi-Fi dans un aéroport ou un centre de congrès.

La Wi-Fi permet également de téléphoner. Je décrirai les modalités et les enjeux du téléphone sans fil sur Internet plus loin.

Géolocalisation

Le GPS et Galileo (le satellite de positionnement européen) autorisant des positionnements très précis (à quelques mètres), ou même à l'intérieur des bâtiments grâce à la triangulation GSM* ou Wi-Fi, le Net s'appuiera de plus en plus sur la « géolocalisation ». L'IPS (*internal positionning system*) notamment va permettre de s'orienter dans les bâtiments, de la même façon qu'on s'oriente déjà dans les rues avec un GPS.

La Cité des sciences travaille actuellement à son propre système de navigation, le « Navigateur ». Équipé d'un écran, le Navigateur fournit une aide à la localisation pour les personnes qui souhaitent se repérer plus facilement ou s'orienter plus rapidement vers les expositions qui les intéressent. Les usagers pourront également entrer en contact avec les autres visiteurs désireux d'échanger avec eux.

Hybrides

Les « hybrides » sont des terminaux multimédias* multifonctions. On les appelle encore des « téléphones » ! Ces téléphones un peu spéciaux ne servent pas seulement à téléphoner, ils permettent également d'écouter ou d'enregistrer de la musique. Certains d'entre eux sont dotés d'un minitéléviseur et d'une série de connexions possibles (messagerie, visiophonie, sons...). Il existe aussi des « photophones » ou « camphones ». On a d'abord pensé que ces appareils étaient des gadgets sans utilité, mais, progressivement, on s'aperçoit que, grâce aux connexions Internet à haut débit, il est possible d'envoyer toutes sortes d'informations (professionnelles ou utiles pour ses loisirs).

Ces dernières années, l'engouement du public pour ces nouveaux outils a par exemple contribué au succès des « albums photos » personnels (ou professionnels) sur Internet. L'intérêt pour ces « médias des masses » (on ne parle plus seulement de *mass médias*) s'explique par la possibilité offerte à chacun de contribuer, à son niveau, grâce à ces outils hybrides, à la création des contenus de l'Internet du futur.

Voilà probablement à quoi ressemblera l'ordinateur du futur. Le PC conservera sa vocation multi-usages (personnel et professionnel) mais on va progressivement voir apparaître ces micro-PC du futur, ces outils hybrides qui communiquent par Internet et permettent aux citoyens d'échanger de l'information.

Fonctions déportées

Comment nos outils actuels vont-ils se métamorphoser en ordinateurs du futur ? La solution sera en partie fournie par ce qu'on appelle les « fonctions déportées ». Ainsi, lire, écrire, écouter, parler, bien entendu, sera possible grâce à des fonctionnalités qui ne seront plus stockées sur un outil unique (microphone, écran ou clavier). Par l'intermédiaire des techniques sans fil, dont la plus connue est Bluetooth*, il sera en effet possible de communiquer avec son ordinateur déposé au fond de sa poche ou de son sac à main et de faire apparaître, sur un petit écran dépliable (de la taille d'une carte postale) ou visible grâce à des lunettes spéciales, un écran flottant, d'un mètre sur un mètre, projeté à hauteur du regard.

On pourra aussi écrire à l'aide de stylos spéciaux équipés d'une minuscule caméra vidéo capable de décrypter la série de points traversés par les lignes d'écriture tracées sur un papier spécial et de les convertir ensuite en lettres de l'alphabet. Cette information, stockée dans le stylo, sera envoyée vers votre PC ou votre mobile, pour être saisie sous Word (ou tout autre logiciel de traitement de texte très répandu) au format texte.

La société Sony a mis au point un écran souple (*organic light emitting diode*, ou OLED), permettant de visualiser textes, graphiques, photos ou images animées, comme sur l'écran d'un PC. Il existe aussi du papier spécial sur lequel il est possible d'écrire, comme sur un bloc-notes, avec un stylo adapté.

Pour ce qui est du son, la tendance est à la miniaturisation. Les constructeurs travaillent sur des boucles d'oreille pour hommes et femmes : une solution pour limiter le risque de perdre son écouteur quand on remue la tête…

Un Internet de plus en plus mobile

Chacun aura son petit ordinateur personnel nomade, un mini-PC que l'on pourra emporter partout avec soi, un peu comme les managers avec leur inséparable BlackBerry (organiseur de poche)… D'autres continueront d'utiliser un stylo, mais pas n'importe lequel : un modèle innovant comme celui mis au point par la société Logitech, qui permet d'écrire sur un papier spécial. Les caractères sont numérisés et transmis à l'organiseur ou au PC grâce à un émetteur Bluetooth situé à l'extrémité du stylo. Quant au Digital Pen, il enregistre les mouvements du stylo grâce à un clip fixé sur le bloc-notes. Le procédé est donc un peu différent puisque ce sont les déplacements du stylo sur le bloc qui s'inscrivent sur un écran numérique pour être transférés sur un tableau situé à distance ou sur un ordinateur.

Avec DragonDictate ou ViaVoice d'IBM, deux logiciels qui offrent de substituer la dictée automatique à la frappe, taper sur un clavier devient superflu. Quiconque, équipé d'un microphone et d'un casque sans fil, peut circuler librement tout en dictant des phrases à son PC, lequel écrit directement en format Word à l'écran. Certaines de ces technologies existent déjà, ou seront téléchargeables sur l'Internet de demain.

Un autre exemple possible : une adolescente pourra communiquer avec ses amies grâce à un téléphone-écran se portant, comme une montre, au poignet. L'écran sera souple, comme il en existe déjà. Quand la jeune fille se connectera, elle entendra son amie. Les deux ados pourront proposer à un de leurs camarades de les rejoindre alors que celui-ci se promène au milieu de la foule, dans les rues de Londres. Une fois repéré grâce à la localisation GPS, le garçon, équipé du même appareil, pourra accepter ou non de se connecter et envoyer un message *via* la messagerie ou leur parler grâce à son téléphone-écran.

On peut encore imaginer que, d'ici à 2020, les guides d'un musée scientifique, par exemple, pourront communiquer avec les visiteurs par l'intermédiaire d'un écran transparent qui s'afficherait sur leur poignet, comme une montre dotée d'un écran large et souple. Un « journal du futur » pourrait être projeté sur cet écran, lui-même connecté au réseau Intranet du musée ou à un réseau extérieur.

Il existe des quantités de situations possibles grâce à ces nouveaux outils. Une personne pourra rester en contact permanent avec ses parents ou ses enfants. Ainsi, une mère pourra suivre les déplacements de son enfant sur l'écran fixé à son bracelet, et lui rappeler qu'il doit aller à son cours de musique... De retour à la maison, cet enfant chaussera sa paire de lunettes spéciales, connectée à l'Internet du futur, et suivra un match de football sur l'écran flottant projeté devant ses lunettes. Tout en regardant le match, il pourra accéder à des informations sur les joueurs ou à des statistiques sur les actions, les buts, etc.

L'Internet du futur offrira de nouvelles applications dans le secteur de la santé également. Par exemple, un patient (ou un sportif) pourra être suivi médicalement par des spécialistes l'informant en permanence de son état de santé. Même la pratique quotidienne du vélo d'appartement pourra connaître une petite révolution. Un vélo un peu particulier, équipé d'un écran et connecté en permanence à un centre médical, transmettra chaque jour aux médecins des informations sur l'état de santé du patient (paramètres cardiaques, tension artérielle, etc.). Il sera alors aisé d'adapter l'entraînement en fonction des progrès ou des difficultés du patient ou du sportif, ou de lui conseiller une alimentation correspondant à la quantité de calories nécessaires pour accomplir un effort donné.

Toutes ces nouveautés, l'Internet mobile, les outils de communication à haut débit, les systèmes de communication personnalisés, etc., donnent une idée du « mobile Net » de demain.

Parmi les différents services en train de naître sur cet Internet de demain, les plus remarquables sont certainement la mutualisation des réseaux d'ordinateurs, les nouveaux moteurs de recherche et les nouveaux services dédiés à l'éducation (ou « e-éducation »).

Grid computing

Grâce à l'Internet à haut débit, il est déjà possible de connecter entre eux des PC situés en des endroits différents : ce réseau d'ordinateurs est aussi appelé *grid computing* (ou *grid*). La France fait partie d'un grand réseau international de *grid computing*. De même, en Suisse et en Italie, les ordinateurs qui ne travaillent pas en permanence peuvent offrir une partie de leur « temps libre » à l'exécution de tâches mutualisées (en collaboration avec d'autres ordinateurs donc). La puissance de calcul est telle qu'il est possible de réaliser des opérations impraticables jusqu'à présent, notamment des simulations, des calculs, de la génomique* (l'étude des gènes*), de la prévision météo (en particulier à des fins militaires) ou des jeux *massive multi-users online games* (MMOG) qui se déroulent à l'échelle internationale. Dix mille, cent mille, cent cinquante mille joueurs ou plus, représentés sous forme d'avatars, participent à des jeux en ligne, connectés *via* ces ordinateurs en réseaux. Dans quelques années, ces PC interreliés pourront être utilisés à d'autres fins, proposant par exemple une forme d'éducation mutualisée à l'échelle internationale.

Web intuitif

Les moteurs de recherche (Google, Exalead ou Yahoo) que les internautes du monde utilisent quotidiennement proposeront eux aussi de nouvelles applications dans l'Internet du futur. Pour les non-pratiquants du Net, je précise que ces moteurs de recherche, constitués d'ordinateurs en réseau, acceptent les requêtes par mots-clés sur tous les sujets possibles. Les réponses obtenues, classées par ordre de pertinence par rapport à la question posée, apparaissent sous forme de listes de références ou d'informations cliquables.

Grâce à ces robots logiciels, le « Web sémantique » va émerger en 2020. Il s'agira d'un Web « intuitif » : au lieu de répondre à votre recherche en recommandant un ou plusieurs sites à visiter, le Web intuitif établira des liens entre vos demandes précédentes. L'historique de vos requêtes sera mémorisé sur votre PC (avec votre accord bien sûr). Cet historique permettra de placer votre demande dans un contexte plus large et, ainsi, d'augmenter vos chances d'affiner vos recherches et d'apporter une réponse plus pertinente. Cette technique va radicalement modifier le travail de recherche.

Des chercheurs utilisent déjà différents types de robots logiciels, mais les moteurs de recherche du Web intuitif vont créer une série de nouveaux services, ou « Web services ».

Les services de mutualisation entre usagers vont ainsi se développer. La mutualisation a démarré avec le téléchargement de musiques sur le Net. On estime que soixante-deux millions de jeunes ont déjà pratiqué le téléchargement grâce aux logiciels Napster ou Gnutella. La musique téléchargée est stockée sur les PC d'autres utilisateurs, qui peuvent à leur tour télécharger des morceaux de n'importe quel artiste. On connaît les problèmes juridiques que le téléchargement pose en matière de reproduction et de droits d'auteur. Le téléchargement touche également la vidéo, avec des logiciels comme BitTorrent*, ou la nouvelle télévision en pair à pair (P2P*), lancée en 2007 sous le nom de Joost par Janus Friis et Niklas Zennström, les créateurs de Kazaa et de Skype*.

Parmi les nombreux Web services, l'un des plus importants reste le téléphone en P2P, avec Skype notamment. Contrairement au téléchargement illégal de musique (c'est-à-dire télécharger gratuitement sur des sites pirates pour ensuite revendre), ce système gratuit de téléphonie, qui offre un son d'excellente qualité grâce aux relais d'ordinateurs, est tout à fait légal. Tout le monde a le droit de téléphoner, même si cela ne satisfait pas les grands opérateurs... L'intérêt de la téléphonie gratuite est d'offrir un service tout en proposant des services complémentaires payants à forte valeur ajoutée. J'y reviendrai plus loin. Sur ce modèle, la mutualisation de services (musique, expertises, troc, livres, télévision...) va se généraliser dans l'Internet du futur.

E-commerce interactif

Jusqu'à présent, les consommateurs étaient des individus passifs et plutôt mal identifiés. Les fabricants réalisaient des études de marché et achetaient de la publicité pour les inciter à consommer. Les producteurs et leurs réseaux de distribution offraient des produits ou des services dans un lieu dédié à la vente, que les acheteurs décidaient d'acheter ou non.

Grâce à Internet (et, avant Internet, au Minitel), la donne est en train de changer. De plus en plus de consommateurs exigent une vraie valeur ajoutée et un service personnalisé. Pour obtenir satisfaction, ils envoient en permanence de l'information aux fabricants ou à leurs distributeurs. Grâce à ce retour inespéré, désormais, le producteur peut mieux connaître les attentes de ses clients potentiels.

Par conséquent, la relation producteur/consommateur évolue et s'apparente davantage à un contrat entre un prestataire et un usager. Les entreprises ont vite pris conscience qu'elles dégageraient plus de gains en vendant des produits (par exemple des mises à jour de logiciels) à des clients bien identifiés plutôt qu'en écoulant leurs produits auprès d'acheteurs qu'elles ne connaissent pas et dont elles risquent de perdre la trace dès que ceux-ci auront disparu avec leur machine à laver, leur téléphone ou leur automobile...

Tout le nouveau commerce d'Internet, le « e-commerce » moderne interactif, consiste à exploiter l'interaction créée entre les producteurs et les consommateurs et à cerner le plus précisément possible la demande, afin de répondre à leurs attentes de manière personnalisée.

Technologies d'apprentissage et e-éducation

Dans la société à venir, un des grands espoirs de l'Internet de 2020 me semble incarné par les technologies d'apprentissage ou la « e-éducation ».

Grâce au satellite, on peut appliquer des technologies complexes à beaucoup de monde, mais on peut aussi s'adresser à quelques personnes (un professeur diffuse son enseignement à plusieurs élèves), voire à une seule (c'est le tutorat), avec l'enseignement personnel assisté par ordinateur. Entre les deux solutions, il existe aussi des systèmes d'évaluation par vidéoconférence.

Aujourd'hui, mais plus encore dans les prochaines années, les entreprises proposeront à leurs salariés des modules de formation « à la carte », sur Internet ou Intranet (avec tuteurs ou professeurs médiateurs).

Même si modèles économiques et systèmes d'évaluation restent à inventer et qu'il demeure nécessaire de faire reconnaître officiellement ces modes d'éducation par les États, il apparaît déjà comme certain pour la plupart des prospectivistes en matière d'éducation que les systèmes éducatifs et d'apprentissage représenteront un des secteurs majeurs de l'Internet de demain.

L'Internet des objets

En novembre 2005 à Tunis s'est déroulé le Sommet mondial sur la société de l'information. L'Internet des objets* (*Internet of things*) était à l'ordre du jour. Il représente certes des avantages, mais aussi un danger potentiel, les exemples suivants le montreront.

Objets familiers

Les objets familiers vont de plus en plus communiquer avec nous. Il peut s'agir de nos clés de voiture, d'un parapluie, de notre téléphone portable, d'un sac à main... Ces objets seront dotés de puces électroniques « RFID* » (*radio frequency identification*). Ces petites puces sont capables d'émettre et de recevoir à distance, par ondes radio, vers une balise, un PDA, un téléphone portable... Ces balises envoient un signal qui « interroge » la puce. Celle-ci répond : « Je suis là ! Je mesure tel paramètre » par exemple.

Qui n'a pas égaré sa voiture dans un parking ? Avec cet appareil intégré à votre trousseau de clés, une sorte de petite boussole équipée d'une aiguille indiquera dans quelle direction est garée votre voiture, laquelle allumera ses phares à votre approche... Il en sera de même avec votre téléphone portable ou tout autre objet égaré.

Biométrie

Au premier semestre 2006, la Cité des sciences a consacré une exposition à la biométrie. Bien sûr, on connaît déjà l'empreinte digitale. En revanche, on connaît beaucoup moins l'iris de l'œil, la voix et un certain nombre de signes biométriques facilement reconnaissables comme le dessus de la main ou l'oreille. La biométrie est de plus en plus utilisée dans le domaine de la sécurité, par exemple pour se connecter à un ordinateur ou entrer dans une zone protégée.

Au lieu de retenir mots de passe et codes secrets (du digicode à son numéro de carte de crédit...), un appareil connecté à la prise USB de son PC reconnaît l'empreinte digitale (ou l'iris, ou la voix) de l'utilisateur et l'autorise à entrer dans le programme, la maison ou la zone réservée. Après avoir tapé son code, on applique l'empreinte de son pouce sur une touche tactile du boîtier. La fois suivante, cette opération ne sera plus nécessaire car il suffira d'apposer son pouce sur la zone sensible pour que, automatiquement, la mémoire de la petite boîte, connectée à la prise USB, transmette le bon code.

Personnalisation

Imaginez que vous pénétrez dans un environnement et que celui-ci vous identifie personnellement. L'environnement ajuste immédiatement la température de la pièce, diffuse une musique que vous appréciez ou charge sur le PC le dernier logiciel sur lequel vous avez travaillé lorsque vous avez séjourné dans cet espace. Les aspects pratiques sont évidents, mais cette personnalisation à outrance peut également se révéler inquiétante, comme on le verra.

Périphériques ou « téléphériques » ?

On a beaucoup parlé des périphériques, que je préfère appeler « téléphériques »... Rien à voir avec la montagne évidemment, il s'agit de ces objets portables (clés USB ou autres DVD) que l'on connecte sur n'importe quel PC.

Certaines clés USB contiennent tous les programmes d'un vrai ordinateur. Quand vous les branchez sur un PC qui n'est pas le vôtre, l'ordinateur inconnu charge une configuration identique à celle de votre propre PC. Vous avez l'impression de travailler sur votre ordinateur habituel. Il s'est « *booté* », disent les informaticiens. Quand vous retirez cette clé, un système de sécurité détruit automatiquement tous les fichiers que vous avez créés ou utilisés, ce qui ne laisse aucune trace sur le PC de l'hôte. Inutile de préciser que cette clé est très précieuse et que vous n'avez pas intérêt à la perdre... Dans l'Internet du futur, on n'emportera pas toujours son ordinateur ou son

PC portable avec soi. On prendra vite l'habitude de se déplacer avec un trousseau de clés USB...

Capteurs intelligents

Les capteurs intelligents sont très utiles pour mesurer la température des bâtiments et réaliser des économies d'énergie. Ces capteurs peuvent aussi détecter des individus en train de s'introduire dans un espace protégé (banque, entrepôt, usine...) et prendre des photos ou des vidéos de quelques dizaines de minutes.

La société Nokia propose un téléphone « M2M* » (*machine to machine*), qui permet d'envoyer des instructions à des machines situées à distance, déclenchant par exemple le bouton de mise en route du chauffage. La chaudière sera équipée d'un téléphone, sans cadran ni clavier bien sûr. C'est une puce électronique qui contiendra les caractéristiques du téléphone classique. Ainsi, quelques jours avant de rejoindre sa maison de campagne, le propriétaire pourra envoyer un SMS au numéro de la chaudière (enregistré dans le répertoire de son téléphone) pour qu'elle allume le chauffage. La chaudière vérifiera au préalable si elle peut ou non se mettre en marche. Si elle ne peut pas démarrer (par exemple parce que la visite de maintenance n'a pas été effectuée dans les délais), son téléphone renverra un SMS ou un message vocal préenregistré indiquant qu'il est impossible de déclencher la chaudière et proposera de contacter directement le réparateur. Si le propriétaire répond « oui », le système enverra alors un SMS (ou un message vocal) au dépanneur. Voilà en quoi consistent les réseaux de capteurs sur Internet et le langage M2M.

Les objets hors de contrôle ?

Il est évident que ces nouveaux systèmes présentent certains inconvénients, surtout lorsque l'on comprend que l'Internet du futur sera une pyramide avec, en haut, des humains (plus d'un milliard d'humains connectés d'ici à fin 2007, et deux milliards environ d'ici à 2010) et, au-dessous, des lieux virtuels et des objets : ce seront plus précisément vingt milliards de sites Web communiquant les uns avec les autres en permanence sans passer par les humains.

Un peu plus bas encore, vers la base de la pyramide, deux cents milliards d'objets, dans les murs, les poignées de portes, les robinets, les automobiles, etc., tous associés à leur site Web. Je ne parle pas de sites humains, amusants ou informatifs, mais de sites de « machines » auxquels personne, en dehors de ces objets, ne pourra accéder. Ces sites Internet d'objets représentent un nouveau risque pour les humains.

En effet, sur Internet, on le sait, tout site Web d'un individu ou d'un organisme possède un DNS* (*domain name system*). Le DNS est réglementé à l'échelle mondiale par une organisation américaine sans but lucratif, l'ICAAN (*Internet Corporation for Assigned Names and Numbers*). Cette organisation attribue et gère les noms de domaine en « .com », « .net », « .edu » ou « .org » par exemple.

Les objets, on l'a vu, possèdent leur site et leur nom de domaine. Il ne s'agit plus cette fois de DNS, mais d'ONS* (*object name systems*). La grande différence avec les DNS, c'est qu'il n'existe aucun contrôle des ONS ! Cela signifie qu'un ordinateur puissant peut « écouter » tout ce que « se disent » les objets, par exemple les digicodes tapés par des personnes pour pénétrer sur leur lieu de travail. Des ordinateurs espions sont parfaitement capables, en effet, de déterminer avec précision qui est entré ou sorti, à quel moment et dans quel but.

L'Internet des objets constituait un des sujets de discussions passionnées au Sommet mondial sur la société de l'information de Tunis, mais aujourd'hui, on n'a pas encore proposé de solution au problème du contrôle mondial des ONS.

Les spotcodes

Un spotcode* est une sorte de code-barres rond qui peut être lu par le camphone du téléphone portable. Par exemple, une affiche de la Cité des sciences visible sur les murs du métro fait la promotion d'un nouveau film diffusé à la Géode. Il suffit alors aux personnes intéressées de photographier le code-barres avec leur camphone pour recevoir plus d'informations directement sur leur écran. Quelques secondes après avoir appuyé sur une touche du clavier, elle reçoivent de la part de la Cité un SMS automatique contenant les horaires du film en question. Si l'on est proche de son PC, c'est le site Internet de l'organisme avec lequel on est en interaction qui apparaîtra sur son écran.

Ce système peut faire l'objet de nombreuses applications (horaires de bus, de train ou d'avion...).

L'émergence des médias des masses

Dans mon livre *La Révolte du pronétariat*[19], j'ai abordé l'émergence de ce que j'appelle les « médias des masses ».

[19] Joël de Rosnay, avec la collaboration de Carlo Revelli, *La Révolte du pronétariat : des mass média aux média des masses*, Fayard, collection « Transversales », janvier 2006. Téléchargeable en ligne gratuitement depuis juin 2006 sur le blog : http://www.pronetariat.com/

Tout le monde ou presque connaît les logiciels libres*, tel Linux*, les outils collaboratifs gratuits, les blogs, les wikis ou le podcasting. Le phénomène des logiciels libres et du gratuit est important pour comprendre ce qui est en train de se passer et à quoi ressemblera l'Internet de demain.

Depuis environ un demi-siècle, on est entré dans l'ère des *mass médias*. À l'échelle mondiale, on considère que cinq grands médias – le texte (la presse, l'édition), le son (la radio), l'image (la télévision), la téléphonie (avec les grands téléopérateurs et la publicité de masse – inondent la planète d'informations descendantes, c'est-à-dire du haut de la pyramide vers le bas. Une minorité s'adresse à tous les autres, lecteurs, téléspectateurs, consommateurs, etc.

Avec l'apparition récente des « médias des masses », les *mass médias* sont obligés d'évoluer. J'appellerai les acteurs des *mass médias* traditionnels des « vectorialistes », car ils nous forcent à utiliser leurs propres vecteurs de communication, tandis que ceux des médias des masses sont des « pro-ams », des professionnels-amateurs... En effet, chacun d'entre nous dispose aujourd'hui d'outils de communication puissants. Dans mon livre, j'ai opposé les « infocapitalistes » (les détenteurs des contenus, des droits, des grilles de programmes…) aux « pronétaires[20] ». Ces infocapitalistes sont les grands éditeurs, les majors de la musique, les chaînes de télévision ; bref, tous ceux qui, forts d'un quasi-monopole, font payer les usagers.

[20] J'ai formé ce mot à partir de ceux qui sont *pour* et *sur* le Net. Ils se distinguent des prolétaires car ils sont propriétaires et utilisateurs de leurs outils de création de contenus numériques.

Avec l'émergence des médias des masses, la situation évolue. Ce sont les internautes qui échangent de l'information, produisent leur musique, fabriquent et diffusent leurs propres émissions de radio ou de télé et les échangent, se parlent et se voient gratuitement sur Skype, etc. Ces nouvelles habitudes ont totalement bouleversé la publicité et renversé les rapports de forces.

Les canaux de communication ne reposent plus seulement et traditionnellement sur le système du « guichet », où une personne s'adresse à une autre personne dans un endroit donné (à la Sécurité sociale ou au Centre des impôts), avec, à la clé, gaspillage d'énergie et de temps, et lourdeurs administratives dans le traitement des dossiers.

Pour contrer le manque d'efficacité du « guichet », on a inventé un moyen différent de communiquer : la communication du « un vers un » laisse la place au « un vers tous ». C'est typiquement le cas de la télévision, où quelques-uns décident pour tous des programmes que tous devront regarder. Pour citer l'un des plus grands dirigeants de la télévision française, « ce que nous vendons à Coca-Cola, c'est du temps de cerveau humain disponible »...

Ensuite, grâce aux technologies modernes, on a inventé le « tous vers tous », avec les blogs et autres journaux citoyens, et le « tous vers un », à savoir la possibilité pour beaucoup de communiquer avec des outils permettant d'analyser l'énorme masse d'informations remontant d'Internet.

Cette tendance va se poursuivre encore plusieurs années. On voit donc émerger le téléchargement de musique, les blogs, le téléphone gratuit avec Skype, les journaux citoyens, la télévision en P2P... La télé en P2P ne touche pas encore beaucoup de monde, mais il y a fort à parier qu'elle va devenir un important marché transversal et interactif dans les années à venir. Déjà, YouTube aux États-Unis, racheté par Google, et Dailymotion en France rassemblent des millions d'internautes-téléspectateurs par jour, chacun pouvant créer et diffuser sa propre émission de télévision. Il en sera de même, j'en suis persuadé, pour la e-éducation et la e-expertise, que j'ai évoquées précédemment. Voilà comment, année après année, les médias des masses renforcent leur pouvoir.

Wikis, blogs, journaux citoyens, encyclopédie libre et Cie

Quelques exemples révèlent et expliquent l'importance que les médias des masses sont appelés à prendre dans l'Internet de 2020.

Les wikis constituent l'un des premiers médias des masses, permettant à différentes personnes de modifier les mêmes pages Web. Ce mot hawaïen signifie « vite ! ». En deux ou trois ans s'est créée Wikipédia (http://www.wikipedia.org/), l'encyclopédie mondiale collaborative gratuite et libre, enrichie par des millions d'internautes (enseignants, écrivains, experts, mères de famille, retraités, numismates, biologistes... ou quiconque possédant une expertise sur un sujet donné).

Déclinée en trente-sept langues différentes, Wikipédia contient plus d'un million deux cent cinquante mille définitions (deux cent mille en français), contre soixante-quinze mille pour l'*Encyclopedia Britannica* (cent vingt mille pour la version Internet) ! La revue britannique *Nature* et le journal *Le Monde* ont consacré en 2006 un intéressant article au phénomène en soulignant qu'il existait moins d'erreurs dans Wikipédia que dans certaines grandes encyclopédies payantes.

Le deuxième grand média des masses est représenté par le travail collaboratif, avec l'explosion des blogs*. *Blog* est la contraction de *Web log* et désigne des sites d'expression personnelle créés par des internautes grâce à des logiciels très simples d'utilisation et permettant l'interactivité. Car, contrairement à un site Web classique, il est facile de mettre ses idées, ses articles, ses liens en ligne sur un blog. (Cela s'appelle « poster » ses idées.)

Aussi les lecteurs du blog sont-ils invités à « contribuer », en écrivant des commentaires ou en répondant à d'autres « blogueurs » (ou contributeurs). Il se crée donc une interactivité entre les auteurs d'articles ou blogueurs qui « postent » les informations. Vous pouvez ainsi visiter le blog dédié à *2020 : Les Scénarios du futur*[21] ou ceux dédiés à mes précédents livres : *Une vie en plus* (coécrit par Jean-Louis Servan-Schreiber, François de Closets et Dominique Simonnet) et *La Révolte du pronétariat*[22].

Grâce au blog, il se crée – entre auteurs et lecteurs – un lien qui n'existait pas auparavant. Le phénomène va sans doute se poursuivre dans l'Internet du futur. Mais certains prédisent un reflux dès cette année, le pic des blogs ayant été atteint, au moins dans les pays avancés, par saturation et manque d'audience.

Associer un blog à un livre produit des effets amplificateurs. En effet, j'ai pu constater que plus les gens discutaient sur mon blog, plus les lecteurs avaient envie de découvrir l'édition classique et achetaient l'ouvrage.

---

[21] http://www.scenarios2020.com

[22] Joël de Rosnay, Jean-Louis Servan-Schreiber, François de Closets et Dominique Simonnet, *Une vie en plus. La longévité, pour quoi faire ?*, Le Seuil, 2005 (http://www.unevieenplus.com).
Joël de Rosnay, *La Révolte du pronétariat, op.cit.* (http://www.pronetariat.com)

RSS feed

Un autre outil particulièrement efficace est le *RSS feed** (*really simple syndication* ou « fils RSS » en français). Il s'agit d'un logiciel gratuit, téléchargeable sur n'importe quel PC. L'idée originale du RSS feed est de connecter les blogs entre eux. Par exemple, si vous vous abonnez à un blog, chaque fois qu'une donnée est ajoutée ou modifiée sur ce blog, le RSS feed vous avertit que le blog a été mis à jour.

Face à ce déferlement d'informations, le problème auquel chacun risque d'être confronté est l'« infopollution* »... Comment, en effet, rendre toutes ces informations pertinentes ? Faudra-t-il pratiquer une « diététique de l'information » pour éviter la boulimie avec un portable connecté en permanence ? Déjà, dans plusieurs pays européens, certains mouvements préconisent de « se débrancher » et organisent des soirées entre jeunes sans téléphone, sans SMS. J'aime bien cette idée. Elle permet de prendre le temps de penser. De donner du sens à ses actes et de vivre sans être constamment dépendant de son BlackBerry ou de sa messagerie Internet…

Musique et livres téléchargeables en ligne

On connaît déjà « iTunes », un logiciel permettant de télécharger (en toute légalité, mais à faible coût) et d'écouter de la musique de très haute qualité sur son iPod*. Le même principe s'applique aux livres. Il est possible, en effet, de télécharger des audiolivres sur Internet (sept cent mille titres sont proposés à la vente sur Audible.com : thrillers, littérature, essais, livres pour la jeunesse, etc.). Les livres sont lus par des acteurs professionnels. Évidemment, cela n'empêche pas de lire des livres classiques, édités sur du « papier », mais il est très agréable d'« écouter » un livre dans le train, en avion ou en attendant un rendez-vous.

Podcasting

Parmi les autres « explosions » des médias des masses, on trouve la radio personnalisée ou *podcasting**. Le podcasting permet de capter une radio FM et de la réémettre sur le Net grâce à son PC de manière à ce que les auditeurs puissent l'écouter sur leur iPod. Cette technique est un concurrent sérieux pour les grandes chaînes de radio : le nombre d'émissions *podcast* a été multiplié par cinq au cours du dernier semestre 2005. En novembre 2005, on recensait déjà six millions d'utilisateurs aux États-Unis et le phénomène ne fait que s'amplifier.

Réseaux de rencontres sur Internet

Friendster, Orkut, Meetic… tous ces réseaux de mise en relation des personnes jouent un rôle international en créant les conditions du *social networking*. Des individus se rencontrent, se parlent, se retrouvent, échangent des idées, etc., grâce à ces blogs. Finalement, ces réseaux sociétaux de rencontres et d'échanges répondent à l'une des aspirations essentielles de l'humanité depuis la nuit des temps…

Les étoiles d'Amazon

Désormais, nous ne sommes plus acteurs de la seule société de l'information, mais acteurs de ce que l'on pourrait appeler la « *société de la recommandation* ». En effet, les internautes ont l'opportunité de participer à l'élaboration d'un faisceau d'informations utiles à d'autres, en créant des contenus, des systèmes d'évaluation ou des journaux en ligne notamment. Sur des sites comme celui d'Amazon, les lecteurs peuvent noter les livres. Ainsi, lorsque vous envisagez à votre tour d'acheter un livre, vous pouvez évaluer son intérêt en fonction du nombre d'étoiles que les précédents lecteurs lui ont attribuées. À chacun de décider s'il souhaite ou non se laisser influencer par ces critiques d'amateurs, mais ce système de notation est un bon indicateur des goûts ou des tendances du public.

L'équation flux + buzz = biz

Comment gagne-t-on de l'argent sur l'Internet du futur ? Un nouveau système économique est-il en train de naître ? Deux questions qui brûlent les lèvres quand on évoque l'Internet de demain. La réponse est « oui ». La « nouvelle économie » s'est autodétruite au début des années 2000 avec l'explosion de la « bulle Internet », purement spéculative ; mais une « nouvelle nouvelle économie* » est en train d'émerger avec l'apparition des médias des masses et, en particulier, les créateurs de contenus sur Internet.

Reposant sur le principe des flux massifs d'usagers et la diversification des propositions, la personnalisation de l'offre aux consommateurs à faible coût est possible. Le succès de ces services à valeur ajoutée est garanti par le bouche-à-oreille (ou *buzz**). Le buzz a intégré l'idée (presque une lapalissade...) selon laquelle mieux vaut gagner dix centimes d'euro sur dix millions de personnes avec quatre-vingt-dix pour cent de marge grâce au Web 2.0 (ce qui fait neuf cent mille euros), que cent euros sur dix mille personnes avec trente pour cent de marge suivant le modèle économique classique : les dépenses en marketing et en publicité s'avérant dans le second cas beaucoup plus importantes, le bénéfice final ne représente que trente mille euros !

Je me suis amusé à développer une formule pour illustrer cette idée. La voici : « Flux + Buzz = Biz ».

Son principe est simple : plus on crée du flux massif et gratuit pour attirer les gens sur un site, plus on a des chances de personnaliser les services, plus les gens, satisfaits, en redemandent et en parlent autour d'eux. Le buzz n'est autre qu'un formidable outil marketing gratuit et amplificateur, qui sera la source de nouvelles affaires (donc plus de *business* ou « biz »). C'est aussi un des principes de la « nouvelle nouvelle économie ».

Grâce à ces outils pronétaires (nouveaux mobiles hybrides, nouveaux réseaux à haut débit, nouveaux logiciels, nouvelles communications téléphoniques gratuites, réseaux de mise en relation des usagers, P2P, recherche personnalisée d'informations sur les moteurs...), les « consomm-acteurs » sont en train d'inventer l'Internet de demain. Bien sûr, il existera toujours des Microsoft ou des Google pour développer ces outils, mais ce sont bien les utilisateurs qui les détourneront de leur vocation première pour les adapter à leurs nouveaux besoins ou créer des générations d'outils encore plus efficaces.

C'est le cas de Skype*, le système de téléphonie mondiale gratuit. Skype a lancé VideoSkype, la visiophonie gratuite d'un bout à l'autre du monde, et, plus récemment, la télévision partagée sur Internet. Pour en profiter, il suffit d'être équipé d'une webcam, de l'ADSL ou du câble. Skype a compris qu'en offrant la téléphonie, il attirerait un grand nombre d'utilisateurs susceptibles d'acheter de nombreux produits associés ou dérivés, destinés à optimiser le confort et la qualité des communications (caméras, casques, téléphones sans fil, visioconférences...). Ce qui crée du chiffre d'affaires : Flux + Buzz = Biz !

Google Earth

La même approche est valable pour Google qui a lancé « Google Earth », ce grand moteur de recherche proposant une vue satellite très détaillée de l'endroit de son choix. Au départ, tout le monde veut voir sa maison depuis le ciel... Puis on s'interroge sur l'intérêt que Google retire de ce service gratuit.

Google Earth utilise des API (*applications program interface*), qui permettent de détourner le flux d'images Google en vue d'une application payante. Cette application est d'une utilité évidente dans le secteur de l'immobilier par exemple. En effet, il est intéressant pour l'acquéreur potentiel de pouvoir localiser sa future maison et de visualiser son environnement (proximité des plages, des espaces verts ou d'une ligne à haute tension !).

AgoraVox, une nouvelle forme d'information citoyenne

J'ai évoqué les journaux citoyens ou collaboratifs en ligne. Avec Carlo Revelli, nous avons lancé en 2005 le journal citoyen « AgoraVox », qui propose gratuitement une édition par jour et aborde des sujets d'actualité et des dossiers (politique, météo, sports, santé, technologie...). À la différence des journaux traditionnels en ligne payants (comme Le Monde.fr, Libération.fr...), il est rédigé par des blogueurs qui ne sont pas journalistes de profession. Aujourd'hui, AgoraVox compte plus d'un million et demi de lecteurs par mois, dont dix mille blogueurs réguliers qui écrivent des articles, des commentaires ou contribuent à la modération quotidienne des documents qui parviennent au journal.

Ces journaux citoyens ne font pas vraiment concurrence aux journaux payants traditionnels ou en ligne. Il s'agit plutôt d'une nouvelle forme de journalisme, complémentaire, collaborative. AgoraVox a développé un système de « filtres ». Des éditeurs volontaires reçoivent tous les articles proposés, les trient, les corrigent puis les envoient à d'autres éditeurs qui, à leur tour, les trient et les corrigent. Compte tenu des remarques du comité éditorial, ce sont les fondateurs d'AgoraVox qui décident finalement si un texte « sensible » peut être mis en ligne ou non. Cette intervention ultime survient assez rarement, compte tenu des présélections préliminaires permettant la mise en ligne sans avoir à remonter au sommet de la pyramide éditoriale.

Selon le sujet des articles, Google AdSense (gestionnaire de publicité) ira chercher des annonceurs dont le produit correspond au thème traité (sport, automobile, alimentation, environnement...). Le modèle d'AgoraVox est original et permet de faire émerger une nouvelle forme d'information dite citoyenne ou collaborative.

BitTorrent

La prochaine étape vise la télévision en videopodcast. Grâce à une invention étonnante baptisée « BitTorrent* », je pense que ce qu'on a connu avec l'échange de musique en P2P n'est rien à côté de ce que l'on va vivre en 2020 avec les échanges d'images et de vidéos en P2P ! Avec BitTorrent en effet, plus les gens téléchargent de vidéos sur leur PC, plus le téléchargement est rapide ! La grande innovation de BitTorrent est de transformer chaque personne qui télécharge en serveur pour les autres. C'est cela, le principe du P2P* : plus vous téléchargez, plus vous permettez à d'autres utilisateurs de télécharger depuis votre ordinateur.

Ainsi, la télé en P2P devient une réalité. Des sites comme ACTLab TV proposent non seulement de recevoir la télé, mais de créer vos propres émissions, tandis que Broadcast Machine, YouTube, Current TV offrent d'éditer et de publier vos propres vidéos sur le Net. On va assister à une nouvelle génération de télévision… pour le meilleur et pour le pire ! Pour l'anecdote, la plupart des publicités détournées qui circulent pour notre plus grande joie sur le Net sont réalisées avec ces technologies.

Imprimer des objets à partir d'Internet

En 2020, certains outils vont permettre aux pronétaires de quitter le monde des « bits » pour fabriquer des objets physiques ! Cette révolution industrielle, en train de naître sous nos yeux, repose sur les MUPs (micro-usines personnalisées)[23]. La révolution Internet a contribué, grâce à la numérisation, à « transformer des atomes en bits ». Aujourd'hui, il devient possible de retransformer des bits en atomes ! Cette révolution est rendue possible grâce ce que l'on appelle les imprimantes 3D. Aux alentours de

[23] Voir mon article dans AgoraVox et LeMonde.fr cités en bibliographie. Lire aussi le livre de Neil Gershenfeld, *FAB : The Coming Revolution on Your Desktop. From Personal Computers to Personal Fabrication*, Basic Books, 2005.

2020, ces imprimantes 3D se généraliseront, bouleversant l'économie des PME.

Micro-usines personnalisées

Pour « imprimer » un objet, il suffit d'utiliser un logiciel de CAO (conception assistée par ordinateur ou, en anglais, CAD, *computer assisted design*), de concevoir ou de télécharger un prototype que l'on fera tourner en trois dimensions sur l'écran de son ordinateur. On pourra ainsi le modifier à sa guise, ajouter des couleurs, des graphiques ou des textes, puis cliquer sur la touche *Print* afin de mettre en route son imprimante 3D. Ce nouvel outil utilise, par exemple, une résine photodurcissable sous l'effet du rayonnement ultraviolet ou d'un laser. Ce dernier, actionné par un système de commande numérique, va polymériser, couche par couche, le plastique. On voit ainsi émerger du liquide l'objet terminé.

Que peut-on faire avec une micro-usine personnalisée ? Fabriquer les objets les plus divers. Par exemple des maquettes en trois dimensions pour les architectes ; des pièces de rechange, des engrenages pour des PME ou pour des passionnés de bricolage ; des modèles moléculaires, des crânes ou des squelettes pour l'enseignement scientifique ; des coques personnalisées pour téléphones portables ; divers bibelots, breloques, colliers ou bracelets… Compte tenu du prix actuel des imprimantes 3D, on va sans doute voir, dans les dix prochaines années, proliférer dans les villes des « Copy Services », comme ceux qui existent aujourd'hui pour imprimer ses photos dans son quartier, réaliser des photocopies couleur ou relier des rapports.

Évidemment, l'avènement des MUPs ne se fera pas sans créer de graves difficultés industrielles, économiques et même juridiques. On va sans doute connaître les mêmes problèmes liés aux droits d'auteur (mais cette fois pour les objets) que ceux que l'on observe aujourd'hui pour la musique ou les textes imprimés. Par ailleurs, de nouveaux conflits vont éclater entre, d'une part, les grands producteurs d'objets standardisés destinés à des consommateurs de masse et, d'autre part, des pronétaires, des micro-PME ou des associations capables de fabriquer des objets, jusqu'alors produits en série dans des usines centralisées. En 2020, des entreprises produiront des imprimantes 3D susceptibles de fabriquer d'autres imprimantes 3D en série ! Et à des prix défiant toute concurrence.

Les imprimantes 3D et les MUPs pourraient se révéler des outils de développement économique et social prometteurs, par exemple pour les pays en développement avec le concept de « Fab Lab » (contraction de *fabrication laboratory*), que l'on doit à Neil Gershenfeld du MIT. Inversement, ces innovations pourraient être perçues comme susceptibles de déstabiliser les circuits économiques actuels. Afin d'éviter les dérapages dans ce domaine, il apparaît indispensable non seulement de s'informer sur les applications possibles de ces nouveaux outils, mais aussi et surtout d'expérimenter, d'échanger des informations, de réfléchir aux promesses, aux défis et aux risques de ces micro-usines personnalisées.

Conflit de générations ?

Après ce survol assez dense des technologies modernes, des réseaux multimédias* et des médias des masses, il est temps de se demander à quoi tout ceci va conduire... On peut déjà percevoir certains enjeux, notamment des conflits entre les modèles économiques traditionnels, fondés sur la gestion de la rareté, la production de masse, les économies d'échelle, la distribution de masse, et la « nouvelle nouvelle économie », fondée sur des niches interagissant les unes avec les autres, en partie gratuites et en partie payantes, s'appuyant sur les flux d'usagers et la personnalisation des services.

Les industries classiques adoptent une attitude de repli sur soi, de création artificielle de la rareté (pétrole, information, forfaits téléphoniques...), pour forcer les gens à utiliser leurs vecteurs propres et eux seuls. La « nouvelle nouvelle économie » se place dans une optique différente : celle de la gestion de l'abondance et, sans doute, de la saturation d'informations. Il est trop tôt pour juger si celle-ci sera meilleure ou pire ; on peut seulement constater qu'elle est en marche et que le phénomène est irréversible.

Bien entendu, tous ces bouleversements ne seront pas sans conséquences. De nouvelles menaces, auxquelles la plupart d'entre nous sont déjà confrontés, vont se développer (virus, spams*, hackers*, escrocs, infopollution, traçabilité, etc.).

Les risques existent bien sûr, mais, comme j'ai coutume de le rappeler, je préfère rester constructif plutôt que de déplorer les nombreux dangers qui nous guettent. On peut être conscient des risques sans pour autant sombrer dans la peur collective. Cette attitude permettra d'accroître la vigilance de chacun et de veiller à ce que l'Internet du futur soit tel que vous et moi le souhaitons plutôt qu'une sorte de Big Brother qui contrôlerait tout et tout le monde...

En cette fin de chapitre consacré à l'Internet du futur, je ne voudrais pas donner l'impression que ces innovations se limiteront au domaine technologique alors que leur convergence sera décisive dans les changements sociétaux profonds qui vont intervenir entre 2007 et 2020. De véritables bouleversements dans nos relations et dans nos institutions vont se réaliser par les nouvelles potentialités et par le changement des équilibres de pouvoir qu'apportera l'Internet du futur.

L'Internet de 2020 : une rupture de civilisation

Ici encore, une approche systémique*, l'examen au Macroscope*, permet d'élargir les éléments technologiques décrits précédemment jusqu'à une vision plus globale qui rend compte du passage d'une économie énergétique de production de masse à une économie de la demande fondée sur l'information. Ce qui représente un véritable changement de civilisation. En effet, nos modèles traditionnels vont être remis en cause : le travail, l'innovation (constituée et amplifiée par des interventions créatives interdépendantes), les systèmes de rémunération, les règles de l'échange, la création de valeur, jusqu'au rôle et à la structure des familles, la nature de la démocratie, les institutions internationales et, bien sûr, la mondialisation économique et financière avec ses retombées sur la vie des citoyens. Les industriels et les politiques n'ont pas encore vraiment compris à quel point leurs modèles politiques, institutionnels et économiques sont devenus obsolètes.

La liberté que je prône pour les « pronétaires » est une réaction au manque de liberté actuelle face à des groupes puissants. Ceux qui créent, parfois volontairement, la rareté (voire la peur de manquer), pour contraindre les consommateurs (passifs) à passer par leurs vecteurs de diffusion ou de distribution, réalisent de ce fait des profits disproportionnés par rapport au nécessaire partage des ressources dans une économie plurielle (entre économies marchande, publique et solidaire).

À condition qu'elle trouve les moyens de son autonomie, en particulier financière, et ne soit pas condamnée à la précarité, cette nouvelle forme de liberté conduira à voir proliférer de plus en plus fréquemment, sur l'Internet de 2020, des « entreprises unipersonnelles multinationales ». Elles abriteront les dizaines de millions d'« actionnaires » de demain : tous ceux qui participeront, rémunérés ou non, dans l'intérêt du plus grand nombre, à la création collaborative de logiciels libres, de contenus éducatifs, d'émissions de télévision, de musique ou de livres. Les consommateurs, de « passifs », deviennent déjà – en tout cas ceux qui le souhaitent ou le peuvent – des « consomm-auteurs ». Des talents existent. La communication transversale (tous vers tous), la comparaison et la « recommandation » mutuelle les font émerger. Sauf que, aujourd'hui encore, pour être publié, édité, diffusé, vu à la télé, il faut passer par des comités de sélection favorisant les talents déjà confirmés. C'est pourquoi nombre de jeunes se font connaître directement sur le Net, notamment grâce à la licence gratuite Creative Commons*, sous laquelle est d'ailleurs publiée *La Révolte du Pronétariat*, livre dans lequel je décris plus en détail cette évolution.

De telles mutations ne se réaliseront pas, d'ici à 2020, sans heurts avec les conservatismes industriels, politiques, religieux, entre une société vieillissante et sa jeunesse émergente, en particulier dans les pays en développement. On peut s'attendre à ce que l'Internet du futur et ses outils d'interrelation créative, liés à l'émergence d'une forme d'intelligence collaborative, voient se manifester plus souvent dans les pays en développement que dans les pays industriels traditionnels les innovations déterminantes pour l'avenir de nos sociétés. Il s'agira d'une révolution complète de nos institutions, signe d'une véritable *rupture de civilisation* avec le mode de consommation et de production actuel, dominé par les *mass médias* et par la collusion entre pouvoirs médiatiques et pouvoirs politiques, que nous subissons depuis plus d'un demi-siècle.

Il convient cependant d'être vigilant sur l'application des principes mêmes de l'« économie de la gratuité ». S'ils n'y prennent garde, la récupération par les infocapitalistes guette les pronétaires[24]. On propose du gratuit pour attirer et capturer des usagers et les vendre ensuite à des annonceurs ou les valoriser en Bourse ! Autres questions fondamentales liées à l'Internet du futur : à quoi va conduire la gratuité de la reproduction numérique et des logiciels libres comme nouveaux biens publics, sans un revenu garanti ? L'autre face de cette coopération gratuite née dès notre entrée dans l'ère de l'information ne risque-t-elle pas de mener à une nouvelle précarité ? Quel sera donc le prix de l'absence des cadres institutionnels adaptés ?

Vers un « écosocialisme » ?

Mon objectif est de montrer aux industriels qu'il existe aujourd'hui des évolutions technologiques qui risquent

[24] Voir Joël de Rosnay, *La Révolte du pronétariat*, *op. cit.*

de déstabiliser leurs modèles économiques traditionnels. Surtout s'ils ne tentent pas de les comprendre et de les utiliser dans un esprit de durabilité et dans l'intérêt de l'évolution des sociétés humaines.

Pour la première fois dans l'histoire des hommes, la coopération de masse des usagers peut avoir, en un temps très bref, des retombées économiques considérables. Cette montée en puissance des pronétaires inquiète évidemment les entreprises à structure classique, enfermées dans leur hiérarchie rigide et leur système de commandement et de contrôle pyramidal. Les entreprises traditionnelles, sous peine de disparaître, en tout cas pour certaines, devront désormais compter avec des groupes de consommateurs qui non seulement décideront de ce qu'ils veulent, comme ils commencent déjà à le faire à l'échelle mondiale, mais parviendront même à le produire massivement, y compris physiquement.

La montée des médias des masses nous laisse entrevoir une opportunité d'équilibrer la société plus efficacement, en trouvant un compromis entre la régulation par le haut et la corégulation par le bas. On est ainsi à l'aube de ce nouveau contre-pouvoir fondé sur l'intelligence connective et les médias des masses. Un contre-pouvoir qui sera sans doute encore plus déterminant en 2020, plus structuré et plus efficace.

Cette ère de l'information, matérialisée par l'explosion des usages de l'Internet du futur, sera évidemment, et de plus en plus, liée au développement humain (formation, e-éducation, autonomie, coéducation en « pair à pair » ou P2P) ainsi qu'à l'écologie, aussi bien locale que globale. Internet permettra très probablement la constitution de circuits alternatifs (du type de ceux du commerce équitable aujourd'hui) et donnera, paradoxalement, les moyens d'une indispensable relocalisation de l'économie pour équilibrer la globalisation.

Le même type de processus pourra se réaliser dans le domaine de l'énergie. La décentralisation de la production et de l'utilisation énergétique[25], avec, notamment, le modèle de l'hydronet*, proposé par Jeremy Rifkin[26], sera sans doute régulée par les réseaux citoyens informatiques aux alentours de 2020. Elle conduira à de nouvelles responsabilisations face à la production, aux économies et à la distribution d'énergie. Là encore, les institutions traditionnelles seront défaillantes. On verra proliférer des exemples de solidarités réciproques dans le partage énergétique, avec une sorte de mutualisation des réseaux : une forme de « P2P énergie » ! De même pour l'eau et sa distribution aux moins favorisés de la planète. La solidarité en réseau, régulée par les échanges d'informations et le contrôle en temps réel des consommations et des productions sur l'Internet de demain, permettra d'équilibrer plus intelligemment production et demande, en réduisant les inégalités et en préservant mieux les ressources.

Politiquement, les réseaux solidaires de l'Internet de 2020 pourraient participer à l'avènement d'une écologie-politique construisant une autonomie locale tout en restant reliée au global (par exemple grâce à des monnaies alternatives). Ils constitueraient ainsi les bases d'un nouveau modèle politique, une forme de post-libéralisme succédant au post-totalitarisme.

---

[25] Voir également à ce sujet la troisième partie du présent ouvrage : Énergie et développement durable, p. 119.
[26] Jeremy Rifkin, *L'Économie hydrogène. Après la fin du pétrole, la nouvelle révolution économique*, traduit de l'américain par Nicolas Guilhot, La Découverte, 2002.

J'avais décrit dans mon livre *Le Macroscope*, en 1975, l'avènement de ce que j'appelais un « écosocialisme », c'est-à-dire une convergence des grandes politiques économiques et sociétales vers la protection de l'environnement. On assiste aujourd'hui à la volonté de telles convergences, suite aux graves problèmes mondiaux causés par les prémices du réchauffement planétaire. Certes, le terme d'écosocialisme peut être contesté, mais, proposé en 1975, il a le mérite de traduire une réalité actuelle : l'avènement de formes d'autonomies locales catalysées par des réseaux sociétaux s'appuyant sur l'écosystème informationnel que devient progressivement l'Internet mondial.

Le revers de la médaille…

L'Internet de 2020 n'en posera pas moins des questions fondamentales sur la protection de la vie privée, la traçabilité et la surveillance des citoyens, le piratage institutionnalisé. Déjà, nous le vivons : infesté par les spams, les virus, les hackers et les divers pirates des réseaux, l'Internet d'aujourd'hui est malade. Qu'en sera-t-il de celui de 2020 ? On peut esquisser certaines des voies nécessitant une vigilance accrue.

Infopollution

D'abord l'excès d'information, que j'appelle l'« infopollution* ». On peut s'en protéger mais il faut connaître les méthodes adaptées, ce qui n'est pas encore donné à tout le monde. C'est pourquoi je m'efforce, dans mes livres, sites Web ou à la Cité des sciences, de donner à chacun les moyens de pratiquer une « *diététique de l'information* », pour éviter la boulimie informationnelle et pour donner du sens à sa vie personnelle ou professionnelle.

Désinformation

Ensuite, il y a les risques de manipulation et de désinformation. Les blogs sont peut-être parmi les plus grands outils de désinformation jamais inventés, car ils peuvent créer des « bulles » de fausses nouvelles reprises par les flux RSS. D'où un risque d'amplification incontrôlable. C'est presque pire que la censure totale pratiquée par certains pays. Des industriels, des associations subversives, des services secrets savent parfaitement utiliser ce type de désinformation. La vigilance et surtout la comparaison, la discussion, la vérification des sources s'imposent donc.

Société « dématérialisée »

Enfin, le risque de perte du contact humain. Plus la société se dématérialise, plus le risque de perte du lien social augmente. La démocratie virtuelle ne peut en aucun cas remplacer la démocratie réelle. La confrontation sociétale, l'écoute des autres dans des situations de proximité physique (quartiers, villages, associations, clubs, partis, syndicats, lobbies, confessions religieuses...) ne sont pas remplaçables par l'électronique, le haut débit, les blogs ou les SMS. Une des clés de la construction solidaire du futur se fonde sans doute sur le respect de la complémentarité entre monde réel et monde virtuel, chacun ayant ses avantages mais ne pouvant remplacer l'autre.

Atteintes à la vie privée

Il faut aussi mentionner les risques de « traçabilité* » des personnes et d'atteintes à la vie privé. Internet n'est pas du tout le système libertaire, solidaire d'échanges ouverts entre les usagers dont rêvaient ses promoteurs. Les internautes sont en fait, la plupart du temps, « espionnés », soit par des entreprises industrielles afin de leur proposer produits ou services, soit par divers services spécialisés. Et cette tendance ne fera que s'accroître en 2020.

Certes, cette menace exige des moyens de se protéger, mais il est très difficile d'effacer ses traces sur Internet, en particulier ses interventions sur des forums, d'autant plus que de nouveaux outils encore plus puissants de traçabilité et d'écoute seront mis au point. Le droit à la vie privée, dans ce cas, ne deviendra-t-il pas une sorte de « compromis » nous conduisant à évaluer en permanence les avantages et les inconvénients qu'il y aurait à diffuser ou à utiliser certains types d'informations personnelles ? Il n'y a pas de réponses standard à cet immense problème. Seulement l'application d'une forme de « principe de précaution numérique ». Il existe bien sûr des moyens de protection, d'encryptage, de destruction des *spywares* (logiciels espions), des *profilers* ou des *cookies* (outils logiciels qui permettent aux entreprises de cibler leurs clients). Encore faut-il savoir s'en servir… Et, qu'on le veuille ou non, l'Internet est un lieu public ouvert à tous les regards et, qui plus est, qui garde la mémoire. D'où l'importance de la formation et de l'information, par l'intermédiaire des médias pronétaires ou classiques.

Le blues *des « branchés »*

Peut-être qu'un de nos derniers privilèges, en 2020, sera de refuser d'être connectés en permanence à Internet ? Face à l'infopollution, aux spams, aux virus et aux pirates, il faudra sans doute savoir se débrancher, se déconnecter... Et cela pour pouvoir se « rebrancher » sélectivement, en fonction de choix, de valeurs, de critères de sélection. C'est-à-dire par l'exercice de sa responsabilité. Les TIC amplifient les moyens d'information, mais favorisent-elles la communication humaine, donnent-elles du sens à la relation ? Je perçois, de plus en plus, un certain désenchantement vis-à-vis de la technologie. Une sorte de « *blues* des branchés ». Je pense que le grand luxe, demain, sera sans doute d'être *débranché* pour éviter tous ces appels intempestifs, ces e-mails, ces spams et cette nouvelle « infopollution ». Pour prendre simplement le temps de réfléchir. « Si bien que le problème n'est plus de faire que les gens s'expriment, mais de leur ménager des vacuoles de solitude et de silence à partir desquelles ils auraient enfin quelque chose à dire[27]. »

D'où l'importance aussi de réinventer des moyens participatifs fondés sur ces nouvelles technologies de la relation, afin de relancer l'intérêt pour les grandes institutions, fondatrices des équilibres de nos sociétés. Que font justement ces grandes institutions pour écouter et tenir compte de l'immense *feedback* qui monte des citoyens ? Il n'y aura pas de réelle démocratie participative sans respect pour les grandes institutions ni collaboration avec elles dans le cadre de leurs missions fondamentales. Mais ces dernières

[27] Gilles Deleuze, *Les Intercesseurs*, Éditions de Minuit, collection « Pourparlers », 1990, p. 176-177.

devront nécessairement être réadaptées aux enjeux de la civilisation du numérique* et de l'Internet de 2020. Il y a encore beaucoup à faire avant de voir émerger les prémices d'une véritable corégulation citoyenne des grands systèmes de communication et d'énergie de demain. Raison de plus pour commencer dès maintenant à mettre en œuvre le pouvoir des réseaux collaboratifs.

Réinventer la cyberdémocratie

Dans ce nouveau contexte de participation collaborative et de corégulation, il semble indispensable de réfléchir au devenir des entreprises et de leur relation avec l'État. Les politiques du monde entier commencent à percevoir l'effet démultiplicateur qu'ils peuvent obtenir d'Internet, qu'ils ont traité d'abord (à tort) comme un simple « nouveau média ». Ils ont voulu utiliser le Web de la même façon qu'ils utilisaient la presse ou la télévision. Pour eux, Internet était un moyen supplémentaire d'exporter leur vision politique et de convaincre le plus grand nombre de citoyens de son bien-fondé. Mais considérer Internet comme une simple permanence électorale dans le cyberespace* est une erreur. Les politiques finiront par comprendre que l'utilisation efficace d'Internet passe par son *feedback*, par sa réactivité. Mieux vaut ne pas avoir de site ou de blog si l'on n'est pas capable de répondre rapidement aux questions posées en ligne par les citoyens.

Il est donc possible de trouver une réelle complémentarité entre les idées des citoyens (qui ne se manifestent plus exclusivement à travers un bulletin déposé dans l'urne, mais également par une action concrète proposant des idées, des articles, des liens sur le Net) et des politiques, qui ne devraient plus se limiter à voter un budget, allouer des moyens, mais devraient plutôt se donner des objectifs en s'appuyant sur le *feedback* des citoyens pour les atteindre. Il devient nécessaire de réinventer une cyberdémocratie qui ne serve pas seulement à faciliter l'administration, notamment en permettant aux administrés de payer leurs impôts en ligne, mais à engager véritablement le dialogue entre le politique et le citoyen. L'accélération de l'évolution de la civilisation du numérique rend cette adaptation vitale. Les mutations déterminantes pour l'avenir reposent en effet de plus en plus sur des idées, des visions du monde, des outils techniques, et non pas sur la seule évolution biologique et les mutations de l'ADN.

*

* *

Les hommes, comme je l'ai écrit dans *L'Homme symbiotique*, construisent, « de l'intérieur », un macro-organisme* planétaire, une sorte de cerveau dont nous devenons les « neurones ». Des millions d'usagers, de pronétaires, contribuent à enrichir ce métaordinateur parallèle que l'on appelle aujourd'hui l'Internet. On a vu que la complexité* naît de la *dynamique* des interactions entre agents, qu'il s'agisse de molécules, de fourmis ou d'acheteurs dans un marché[28]. Des propriétés nouvelles émergeront de cette nouvelle collectivité organisée, ainsi que, espérons-le, la construction d'une véritable intelligence

[28] Voir également à ce sujet la première partie du présent ouvrage : Voyage dans la complexité, p. 29.

collective. C'est pourquoi le phénomène Internet nous fait entrer dans un nouveau paradigme* : il nous oblige à tenter de comprendre, par la synthèse plutôt que par l'analyse, comment les éléments se combinent dans des ensembles plus complexes qui rétroagissent sur leurs éléments. Cette démarche, qui fonde et légitime toute action consciente au cœur de la dynamique des réseaux, devrait nous rapprocher de la nature et de notre rôle au sein de l'écosystème informationnel Internet dont nous sommes désormais partie intégrante.

À l'exercice solitaire de l'intelligence *élective* (base des systèmes politico-économiques actuels), préférons l'exercice solidaire de l'intelligence *connective* (socle émergent de la création collaborative des pronétaires à l'aube de la civilisation du numérique).

Voilà, à mon avis, un des plus grands enjeux de l'Internet de 2020, notamment face aux menaces écologiques : mener à bien cette mutation historique comme l'humanité en a rarement connu.

TROISIÈME PARTIE

Énergie et développement durable

Comprendre les énergies du futur nécessite une approche systémique tenant compte de l'interdépendance des facteurs et des mécanismes de régulation. Cette approche permet de relier économie et écologie, écosystèmes et écocapital.

Si, au nom du « développement durable », on oppose trop souvent développement économique et protection de l'environnement dans un affrontement stérile, la notion de « développement adaptatif régulé » présente, me semble-t-il, trois avantages. Le « développement » y est envisagé sous l'angle d'un organisme susceptible de croître harmonieusement. « Adaptatif » signifie que ce développement s'adapte à son environnement. Enfin, la « régulation » implique non seulement l'État mais aussi les « écocitoyens », chacun étant responsable de ce développement équilibré. Mais, pour l'heure, la prise de conscience n'est pas suffisante et le « chacun-pour-soi » l'emporte encore sur le « chacun-pour-tous »...

Au-delà des énergies « classiques » bien connues (charbon, pétrole, gaz, nucléaire...), il convient de s'intéresser aux énergies dites « renouvelables » et surtout à leurs interdépendances. On peut ainsi décrire cinq formes d'énergie solaire directe et indirecte (photovoltaïque, thermique, hydroélectrique, éolienne, biomasse) et leur renforcement mutuel dans des systèmes multimodaux de production, de stockage, de distribution et d'économie d'énergie (auxquels on peut ajouter la géothermie et les centrales marémotrices).

Les différents modes de transport de demain devront tenir compte des formes d'énergie disponibles dans un contexte de limitation des ressources pétrolières. La voiture hybride, qui comporte deux moteurs (l'un à essence, propulsant la voiture, mais rechargeant aussi les batteries, l'autre électrique), est déjà une réalité. Les transmissions électriques étant bien plus performantes que les transmissions mécaniques, les modèles futurs devraient minimiser la mécanique avec un moteur électrique par roue. Actuellement, les modèles les plus avancés consomment trois à quatre litres aux cent kilomètres, ce qui leur permet d'émettre deux fois moins de CO_2 que les véhicules classiques.

Au cours des vingt prochaines années, les voitures électriques à pile à hydrogène (on dit aussi à combustible ou PAC) devraient prendre le relais. La PAC n'est plus une innovation de science-fiction… Elle est déjà utilisée en astronautique et en aéronautique. Pour que son développement se généralise, il faut que l'on soit capable de stocker l'hydrogène sous une forme plus maniable (par exemple sous forme de méthanol) et de produire aussi bien des versions « micro » pour les téléphones et les micro-ordinateurs, des versions « moyennes » domestiques pour les maisons et les voitures, que des versions de capacité importante pour alimenter des quartiers entiers.

Un des problèmes posés par l'utilisation de l'hydrogène, en dehors de son stockage, reste celui de sa production. Actuellement, on produit surtout de l'hydrogène avec du gaz naturel. Cependant, des voies intéressantes de production sont représentées par la biomasse avec les déchets agroalimentaires, l'électrolyse de l'eau ou la culture massive d'algues photosynthétiques.

Croissance et consommation à tout prix sont de toute façon incompatibles avec le développement durable et la protection de l'environnement. Il est aujourd'hui établi que le développement des sociétés industrialisées soumises aux valeurs de l'économie de marché met en danger l'équilibre du monde. Dans le système actuel, l'économie tourne en circuit fermé, de manière déconnectée de l'environnement. Les lois du marché ne permettant pas de réguler les effets de l'industrie et des technologies sur l'écosystème (selon le rapport Stern sur les impacts écologiques du changement climatique, celui-ci constitue « le plus grand et le plus large échec du marché jamais vu jusqu'à présent »), l'avenir de l'humanité passe donc par une étroite symbiose entre économie et écologie.

Pour cela, il convient de changer l'organisation sociale ainsi que les mentalités et de modifier les pratiques individuelles de transport, de consommation d'énergie, de biens et de services. Chacun doit se mobiliser à son niveau : citoyens, ONG, pouvoirs publics, entreprises. Seul l'écocivisme au quotidien, multiplié par des millions d'individus et associé à une modification du système de production, avec en particulier la relocalisation mais aussi l'économie immatérielle, pourra avoir un impact sur l'écosystème planétaire.

C'est certainement l'un des choix collectifs les plus importants que l'humanité aura à assumer au cours des vingt prochaines années.

Énergies (au pluriel) et développement durable sont donc des enjeux fondamentaux pour les sociétés à venir. À l'horizon 2015-2020, il devient de plus en plus nécessaire de gérer notre planète dans un souci de développement durable. Tous les spécialistes s'accordent sur le fait que, les ressources pétrolières se raréfiant, il sera impossible de satisfaire la demande croissante des pays émergents, telles la Chine ou l'Inde.

Ce chapitre tentera de dresser un vaste panorama de la situation, sachant qu'il me semble difficile de comprendre les enjeux de la production, de la distribution et de la maîtrise de l'énergie sans une vision globale ou « approche systémique » (par opposition à l'approche analytique[29]). Pour commencer, je reviendrai sur certains termes en les resituant dans leur contexte.

Puis j'aborderai le développement durable proprement dit : de quoi s'agit-il ? Qu'est-ce qui se cache exactement derrière cette expression ? Je passerai ensuite en revue les différentes formes d'énergie et, plus particulièrement, les énergies « renouvelables », notamment les énergies solaires. Le CO_2, le réchauffement planétaire, l'effet de serre, les économies d'énergie ou le recyclage occuperont une place importante dans ce panorama, de même que les innovations les plus prometteuses à horizon 2015-2030. Enfin, je m'attarderai sur « l'économie de l'hydrogène », la pile à combustible et les transports de demain, de plus en plus évoqués aujourd'hui par les politiques ou dans les médias.

Je terminerai ce tour d'horizon en vous invitant à réfléchir à quelques idées susceptibles de contribuer à sauver la planète. J'ai imaginé comment chaque « égocitoyen égoïste » (appliquant le « chacun-pour-soi ») pourrait se métamorphoser en « écocitoyen solidaire » et pratiquer le « chacun-pour-

[29] Voir également à ce sujet la première partie du présent ouvrage : Voyage dans la complexité, p. 29.

tous »… Comment réussir à faire en sorte que l'action de chaque individu se démultiplie pour s'étendre à l'ensemble de la planète ?

Économie, écologie : deux faces d'une même médaille

L'origine des mots *écologie* et *économie* met en exergue une racine grecque commune. *Oïkos* signifie « maison » et *logos* veut dire « la science ». Cela revient à dire que l'écologie est la science de notre maison terrestre, de notre planète bleue… À la racine *oïkos* (ou « maison ») du mot *économie*, s'ajoute *nomos*, c'est-à-dire « la règle » : la règle de gestion de notre maison.

L'étymologie est intéressante car elle révèle que l'économie et l'écologie sont les deux faces d'une même médaille. Alors que l'écologie et l'économie apparaissent souvent comme contradictoires, il nous faut apprendre à gérer l'une et l'autre en même temps. Et cette gestion passe par ce qu'on appelle le management.

Je me suis amusé à rechercher l'étymologie de *manager*, un mot plutôt noble, proche pourtant, étymologiquement, de cette *ménagère* qu'on imagine volontiers affublée de son balai… En vieux français, encore usité dans le Québec francophone, le verbe *ménager* signifie « gérer le budget du ménage ». Plusieurs mots de notre langue découlent d'une même origine. C'est le cas de *manager*, qu'on peut traduire par « gérer une entreprise ». C'est le cas aussi d'*aménager*, qui a donné l'« aménagement du territoire », ou de *se ménager*, qui signifie non seulement « se manager », mais aussi « s'économiser »…

Ainsi, « manager la Terre » ou gérer la Terre signifie : préserver et faire fructifier le capital de la Terre. Voilà un concept tout à fait nouveau. Pendant des siècles, les hommes (je ne parle pas des paysans traditionnels, plus respectueux de la terre nourricière, mais des industriels) ont vécu convaincus qu'ils pouvaient puiser dans les ressources de la planète sans devoir « amortir » ce capital « Terre ».

Or, chacun sait que l'amortissement est une notion essentielle dans la gestion. On amortit le capital de son usine ou de son habitation (en l'entretenant ou en réalisant des travaux), mais personne n'a pensé qu'on pouvait amortir le capital Terre. Ce comportement inconséquent a conduit progressivement à une prise de conscience, incarnée par la notion de développement durable.

Approches systémique et analytique : sœurs ennemies ?

Pourquoi ai-je opté pour une approche systémique* de ce problème ? À la différence de l'approche analytique* (chère à Descartes qui a fondé notre science) considérant les détails, la nature des interactions et les éléments, l'approche systémique « relie » les éléments entre eux et se concentre sur les interactions et les effets, en cherchant à comprendre comment les éléments réagissent les uns avec les autres. Elle autorise ainsi une perception globale dans la durée, alors que l'approche analytique (ou « systématique », à ne pas confondre avec « systémique ») reste indépendante de la durée et modifie une variable à la fois. L'approche systémique permet également de modifier des « groupes de variables » en même temps ; on parle de « simulation* ». L'ordinateur, dans ce cas, est extrêmement utile car il est capable de simuler des groupes de variables simultanément tout en jouant sur différents paramètres.

Si, dans l'approche analytique, les faits sont validés par la preuve expérimentale dans le cadre d'une théorie, dans l'approche systémique on valide les faits par comparaison du fonctionnement du modèle avec la réalité. Enfin, l'approche analytique engendre une action « programmée », alors que l'approche systémique conduit à une action par objectifs (on définit des objectifs puis on essaie de les atteindre dans les meilleures conditions possibles).

J'ai abordé cette notion d'approche systémique dans *Le Macroscope*, paru aux éditions du Seuil en 1975. Certains m'ont alors reproché d'opposer une approche « systémique » floue à l'approche analytique qui, elle, est très précise. En réalité, et comme je l'ai déjà précisé, ces deux approches sont plus complémentaires qu'opposées. En effet, l'approche systémique relie les savoirs dans un cadre de référence plus large favorisant l'exercice de l'analyse et de la logique. Cette méthodologie permet d'organiser les connaissances en vue d'une plus grande efficacité de l'action.

L'écosystème ou la solution parfaite

Le système écologique, ou écosystème*, est un système complexe* composé de quatre grands univers : l'air ou, suivant un langage plus scientifique, l'atmosphère ; la vie ou la biosphère* ; l'eau ou encore l'hydrosphère (lacs, rivières, océans…) ; et la terre ou la lithosphère. Autant d'éléments en permanente relation les uns avec les autres[30].

[30] Voir également à ce sujet le paragraphe de la première partie du présent ouvrage : L'écosystème : une complexité utile à la vie, p. 34-36.

En effet, grâce à la photosynthèse, les plantes vertes (les « producteurs ») transforment l'énergie du soleil, l'eau et le dioxyde de carbone (CO_2) présent dans l'air en aliments et en matériaux de construction (feuilles, tiges, branches, arbres...). La respiration, qui, grâce à la « combustion » interne des aliments, apporte aux animaux et aux végétaux (les « consommateurs ») l'énergie biologique dont ils ont besoin, fonctionne à l'inverse de la photosynthèse : elle produit de la vapeur d'eau et du dioxyde de carbone. Les déchets animaux et végétaux sont quant à eux recyclés par des « décomposeurs » présents dans le sol (champignons, levures, bactéries...). Une symbiose* se réalise ainsi entre le monde végétal et le monde animal[31].

Dans le système économique, on retrouve également des producteurs et des consommateurs. L'énergie entre dans le système de production qui fabrique des biens et des services, lesquels s'échangent sur le marché des biens de consommation. L'équilibre s'établit entre récession ou inflation, selon que la production est trop forte ou trop faible par rapport à la demande.

La force de travail des individus s'exerce dans l'entreprise et se négocie sur le marché du travail (période de plein emploi ou période de chômage). On peut passer d'un état à l'autre en fonction de la demande et de l'offre de travail, qui dépend largement des ressources monétaires disponibles.

En effet, dans le même temps, les flux de monnaie (salaires, dépenses de consommation) circulent en sens *inverse* des flux d'énergie. C'est le chiffre d'affaires des entreprises (produit des ventes de biens et services). Ce capital peut être consommé immédiatement, participant à l'écoulement

[31] Voir également à ce sujet la première partie du présent ouvrage : Voyage dans la complexité, p. 29.

des marchandises produites, ou bien stocké dans des banques, générant des intérêts pour les entreprises ou les individus lorsqu'il est réinvesti dans le circuit économique.

Les déchets, en revanche, ne sont pas totalement recyclés comme dans l'écosystème. On commence seulement à comprendre l'importance de leur recyclage et de l'investissement dans l'« écocapital », le capital Terre. L'amortissement du capital Terre, un concept clé du développement durable*, se réalise à plusieurs niveaux : achats, gestion, participations, etc., afin d'éviter que les ressources naturelles ne disparaissent trop vite.

Qu'est-ce que le développement durable ?

Le développement durable désigne la possibilité de maintenir en vie le système dont nous avons tous besoin pour vivre (c'est-à-dire le monde agricole, mais aussi le monde industriel), en évitant de puiser dans le capital Terre trop d'énergies et de ressources non renouvelables.

Cette notion est encore assez floue dans l'esprit de nombreuses personnes. Si vous interrogez des directeurs d'entreprise ou même des directeurs du développement durable sur les actions qu'ils entreprennent en faveur du développement durable, vous obtiendrez autant de réponses différentes. Pour certains, le développement durable se limite aux économies d'énergie, à la bonne gestion de l'eau, à l'achat de produits auprès des circuits dits de « commerce équitable ». Si ces gestes sont certes utiles, ils ne définissent pas réellement le développement durable.

Développement « durable »... Parle-t-on d'un développement qui doit « durer », ou d'un développement qui doit s'autoentretenir ? Dans son rapport sur l'environnement,

Gro Harlem Bruntland, Premier ministre du gouvernement norvégien, a proposé, il y a plus de vingt ans, une définition désormais reprise par tous : « Le développement durable est un mode de développement qui répond aux besoins des générations présentes sans compromettre la capacité des générations futures à répondre aux leurs. »

Voilà une traduction intéressante de l'expression anglo-saxonne originalc *sustainable development*. La notion de *sustainability* est quasi intraduisible en français. Il s'agit en fait de la capacité pour un système complexe de s'autogérer en maintenant sa structure et ses fonctions grâce aux flux d'énergie, d'informations et de matériaux qui le traversent. Des déchets sont produits mais doivent être recyclés, alors que les effets de *feedback* régulent le fonctionnement du système et en assurent le maintien. C'est de la cybernétique*.

La traduction littérale française de *sustainability* a donné « développement soutenable »... Évidemment, on est loin de la cybernétique et de ce que cette discipline induit. L'adjectif *durable* a été mal interprété puisque la plupart des gens ont cru qu'il s'agissait d'un « développement qui doit durer longtemps », c'est-à-dire un développement industriel... Cette traduction ne me convient pas car elle introduit de la confusion.

Le développement adaptatif régulé

C'est pourquoi j'ai proposé dans *L'Homme symbiotique* une nouvelle définition, une expression d'enseignant, un peu intellectuelle certes, qui, autant l'avouer, a peu de chances d'être adoptée par les médias mais qui me semble plus pertinente : le « développement adaptatif régulé* »

(DAR). En effet, une société humaine doit se développer comme un organisme vivant. Elle croît, mais son développement ne peut se faire en contradiction avec l'univers dans lequel elle se situe.

Par exemple, un séquoia et un éléphant n'ont pas la même taille. Il existe, à leur taille, une limitation naturelle et « régulée ». Dans les sociétés humaines, les écocitoyens (en l'occurrence, nous tous) peuvent réguler le système tout en lui permettant d'évoluer et de se développer.

Qu'il s'agisse d'un système complexe, de notre organisme, de l'écosystème ou de nos sociétés humaines, tous reçoivent de l'énergie, de l'information et des matériaux de base. Les disciples d'Aristote parleraient d'ailleurs pour les matériaux d'« énergie informée »...

Ainsi, nous produisons tous des effets, des actions et des déchets. La régulation participative découle de la perception des actes de chacun. Cette régulation permet de maintenir (*to sustain* en anglais) ce système complexe grâce au « développement durable ».

Les trois étapes de l'évolution d'un système complexe

Selon les principes de la cybernétique, trois états (entropie, auto-organisation et néguentropie) décrivent l'évolution de tout système complexe[32].

Entropie

Le désordre s'accroît dans le système. L'entropie* augmente. (L'entropie est une grandeur physique abstraite qui exprime l'accroissement du désordre ou le degré de

[32] Voir également à ce sujet la première partie du présent ouvrage : Voyage dans la complexité, p. 29.

« probabilité » d'un système.) Par exemple, si l'on produit trop de chaleur (d'agitation), de bureaucratie, de paperasse, etc., la désorganisation s'accroît. L'entropie augmente. Conséquence : le système se désorganise et disparaît.

Auto-organisation

Chacun essaie de consommer moins, de mettre un peu d'ordre dans son ou ses organisations, de réformer l'administration, etc. On parvient à ce qu'auto-organisation* et désordre se compensent. C'est le *statu quo*. Autrement dit, il ne se passe rien...

Néguentropie

En revanche, si les individus produisent plus d'organisation que de désordre, ce qui se traduit normalement par une meilleure utilisation de l'énergie, la complexité s'accroît. Donc, la « néguentropie* » (l'organisation) l'emporte sur l'entropie (le désordre).

Voilà comment, de manière simplifiée, il est possible de situer le désordre, l'organisation ou le maintien dans le temps d'une structure, dans un contexte de régulation cybernétique.

Les dix commandements du développement durable, ou le démon de Maxwell

1. Pratiquer des économies d'énergie.
2. Favoriser l'utilisation des énergies renouvelables.
3. Trier et recycler les déchets. Le tri et le recyclage des déchets par les humains s'apparentent au travail d'un « démon », appelé « le démon de Maxwell* », contredisant

le principe de Carnot d'accroissement de l'entropie (d'égalisation des températures ou des différences) et qui constitue pourtant le second principe de la thermodynamique mais dont Maxwell a montré le caractère statistique (puisque l'entropie n'est que la probabilité qu'un système tende vers son état le plus probable)...

4. Former les citoyens à se transformer en « écocitoyens ».

5. Éduquer les individus à adopter une meilleure hygiène de vie, notamment alimentaire.

6. Aider les pays en développement, notamment en encourageant l'assistance humanitaire.

7. Développer l'entreprise citoyenne, la relocalisation de l'économie et les circuits courts ainsi que le commerce équitable issu des filières propres en énergie et produisant moins de déchets.

8. Choisir un mode de vie *frugal*. C'est un adjectif important. On peut être frugal en énergie tout en vivant bien et en respectant son environnement et, surtout, son prochain.

9. Mettre en œuvre l'écoéthique, c'est-à-dire une éthique de l'environnement qui permettra de transmettre aux générations futures la planète telle qu'on aurait aimé la trouver en arrivant.

10. Envisager chacun de ces actes dans un contexte systémique, en le situant dans l'écosystème, c'est-à-dire en insistant sur l'importance des écocitoyens (et non plus des égocitoyens) ainsi que sur celle de l'organisation collective. Chacun doit savoir que son petit geste, multiplié par des millions, contribue à mieux gérer la planète et à la rendre *sustainable*.

Telles sont les bases du développement durable.

Des énergies classiques aux énergies renouvelables

Je ne parlerai pas ici des énergies les plus connues (houille, charbon, bois, pétrole ou gaz), bien que le charbon risque de regagner du terrain dans les prochaines années. Dans le passé, on a connu les machines à vapeur, puis, plus près de nous, les machines à combustion interne, utilisant principalement le pétrole. Le principe reste néanmoins le même.

Ce n'est pas le sujet et je préfère attirer votre attention sur l'importance et l'avenir des énergies renouvelables, ou encore sur l'énergie nucléaire de quatrième génération. Par exemple, beaucoup l'ignorent, mais il existe en fait cinq formes d'énergie solaire, la plus connue étant l'énergie thermique.

Énergies directes : photovoltaïque et solaire thermique

Le photovoltaïque* est une énergie dite « directe ». Les photons solaires frappent des plaques de silicium puis en extraient des électrons, ce qui produit un courant électrique. Des balises isolées, des calculettes, des téléphones ou des moteurs électriques solaires fonctionnent selon ce principe.

Le photovoltaïque représente déjà plus de deux mille cinq cents mégawatts d'électricité produite en Europe (quatre-vingt pour cent en Allemagne), avec une installation d'environ neuf cents mégawatts par an désormais, ce qui reste très modeste mais en accélération constante. Dans le monde, déjà plus de cinq gigawatts d'énergie électrique photovoltaïque ont été installés, avec une croissance d'environ deux gigawatts par an actuellement. À l'horizon 2020, les ventes mondiales annuelles pourraient atteindre de vingt à quarante gigawatts.

Le solaire thermique est une autre forme d'énergie directe. Cette fois, le rayonnement infrarouge réchauffe des capteurs contenant de l'eau ou tout autre fluide caloporteur (susceptible de conduire la chaleur). C'est un cas d'école : si vous laissez un tuyau d'arrosage noir déroulé en plein soleil et que vous faites ensuite couler de l'eau du tuyau, vous constaterez que cette eau est devenue très chaude.

Les chauffe-eau thermiques (visibles par exemple en Israël sur les toits des maisons, ou dans des pays du Sud) nécessitent des surfaces importantes. Il faut donc faire un choix entre la surface occupée par les capteurs (par exemple pour un four solaire) et l'énergie produite. Il n'est pas toujours évident de disposer de surfaces suffisantes pour pouvoir fabriquer de la chaleur afin de chauffer l'eau de son bain par exemple ; mais on économise facilement cinquante pour cent du chauffage avec un système d'énergies combinées, même dans nos pays.

Énergies indirectes : hydroélectrique, vent et biomasse

L'hydroélectrique est une énergie dite « indirecte ». Le soleil chauffe les lacs, les mers, puis évapore l'eau sous forme de nuages poussés par le vent. La pluie, ou la neige, qui tombe sur les montagnes peut être concentrée dans des réservoirs (par exemple des lacs en altitude) grâce à des barrages. La pression (de l'eau retenue dans ces barrages) pousse l'eau dans des turbines qui produisent de l'électricité ; mais c'est bien le soleil qui a fait évaporer cette eau et le vent qui a permis de déplacer les nuages.

Le vent est une autre énergie indirecte. On parle d'énergie éolienne. Le soleil chauffe certaines masses d'air à un endroit et pas à d'autres. C'est ce qui provoque des courants d'air (le vent) à la surface de la planète. Ce vent peut être utilisé pour faire tourner des hélices (les éoliennes) et, ainsi, produire de l'électricité.

Avec mille trois cents mégawatts produits, la France est en retard sur les autres pays européens ; mais sa production éolienne devrait atteindre les vingt mille mégawatts en 2020. Car l'énergie éolienne est sans doute celle qui se développe le plus vite, grâce aux crédits d'impôts et autres avantages fiscaux dont bénéficient notamment les agriculteurs qui installent des éoliennes sur leurs terrains. Le coût de production du kilowatt par « crête », selon l'expression consacrée, est actuellement, dans le cas le plus favorable, de trois centimes d'euro par kilowatt, ce qui est déjà remarquable.

Avec ses quarante mille mégawatts au moins, l'Europe est aujourd'hui le premier producteur d'énergie éolienne dans le monde. Il faut savoir qu'une centrale nucléaire produit en moyenne mille mégawatts. Cela étant précisé, on ne peut pas comparer la production du parc européen d'éoliennes avec la production de quarante centrales nucléaires, car les éoliennes ne fonctionnent pas en permanence. Leur taux de rendement est d'environ cinquante pour cent. Quarante mille mégawatts éoliens sont donc équivalents à la production d'environ vingt centrales nucléaires.

La France produit mille trois cents mégawatts contre vingt mille en Allemagne (le premier producteur mondial) et dix mille en Espagne (son challenger)… À l'horizon 2010, on estime raisonnablement que la production d'énergie éolienne française sera de dix mille, la production européenne de soixante-quinze mille, tandis que la production mondiale dépassera sans doute les cent cinquante mille mégawatts.

Pour beaucoup, ces « moulins à vent géants » posent un problème d'ordre esthétique. D'où l'idée au Danemark de les situer en mer. Des études récentes ont montré que les éoliennes ne sont pas perturbantes ni dangereuses pour les oiseaux. Les grandes éoliennes modernes, qu'elles produisent un ou cent mégawatts, tournent à la même vitesse. L'angle des pales s'adapte en fonction de la vitesse du vent. Le fait de les éloigner en mer réduit les inconvénients d'ordre environnemental. Personnellement, je préfère voir des éoliennes peintes en blanc ou en bleu ciel que ces pylônes à très haute tension qui défigurent nos campagnes…

La biomasse* est également une énergie indirecte. Grâce à la photosynthèse, l'énergie du soleil s'est trouvée « piégée » dans les liaisons carbone-carbone, notamment du bois. En d'autres termes, quand on brûle du bois dans une cheminée, on brise cette liaison carbone-carbone en libérant à nouveau, sous forme de flamme, l'énergie chimique emmagasinée par la photosynthèse.

La biomasse, fragmentée sous forme de granules, peut être compactée avec de la résine, ce qui constitue un excellent carburant pouvant alimenter une chaudière grâce à une trémie continue. La biomasse fait d'ailleurs l'objet d'un grand projet européen mais son bilan énergétique n'est positif que si elle reste consommée assez près du lieu de production.

La Suède produit déjà une partie de son énergie grâce à la biomasse provenant des arbres et des végétaux primaires, mais aussi des déchets organiques (ordures ménagères, vieux cageots, papier…). Ces déchets aussi peuvent être réduits en petits copeaux, liés les uns aux autres par des résines, pour alimenter des chaudières.

L'Europe produit actuellement soixante-neuf millions de tonnes d'équivalent pétrole de biomasse, ce qui représente déjà plus de quatre pour cent de la consommation totale d'énergie primaire. Le projet biomasse Europe regroupe plusieurs pays qui se sont engagés à augmenter leur production pour atteindre cent quatre-vingts millions de tonnes en 2010.

Dans le cadre de la biomasse, il faut citer également le biogaz*. La production valorisable de biogaz représente en France un potentiel énergétique de plus de six cent mille tonnes d'équivalent pétrole par an. Le biogaz provient principalement des décharges, mais aussi des boues d'épuration et des déchets urbains et agricoles. Actuellement, seules cent cinquante mille tonnes d'équivalent pétrole par an sont récupérées et valorisées (pour la production d'électricité et/ou de chaleur).

On utilise déjà ces cinq formes d'énergie renouvelables, mais elles prennent de plus en plus d'importance aujourd'hui car elles peuvent être combinées les unes avec les autres. On peut combiner, par exemple, énergies photovoltaïque et éolienne : ainsi, une éolienne peut pomper de l'eau dans un réservoir ; quand il n'y a pas de vent, on exploite l'énergie de l'eau qui descend du réservoir pour faire tourner une turbine et produire de l'électricité.

On peut aussi utiliser des moteurs solaires, comme les moteurs de Stirling*. Le chauffage à un endroit du moteur actionne la force motrice. La chaleur peut être produite soit par la combustion de la biomasse, soit avec l'énergie solaire, comme nous le verrons plus loin.

Le nucléaire de quatrième génération : plus propre et plus sûr

Le nucléaire fait partie des énergies classiques, mais il est en passe de devenir très moderne… On connaît les failles du nucléaire : l'approvisionnement en combustible, la sécurité des centrales, le recyclage et le stockage des déchets et, plus encore, le recyclage des vieilles centrales désaffectées.

Il existe deux grands types de centrales. Les toutes premières, dont on ne parle presque plus, sont dites à graphite-gaz. Celles encore en fonctionnement (réacteurs à eau bouillante ou REB ; BWR en anglais, pour *boiling water reactor*) comportent un réacteur dans lequel circule de l'eau portée à ébullition par la réaction nucléaire. La vapeur produite fait tourner une turbine avant d'être condensée. L'eau est alors réinjectée dans le réacteur. Le REB est abandonné peu à peu dans le monde au profit du réacteur à eau pressurisée (REP en français ou PWR en anglais, pour *pressurized water reactor*) ; l'EPR (*European pressurized reactor*) n'est qu'une évolution de ce modèle de réacteur nucléaire. La source de chaleur est toujours la « pile atomique » (dans la centrale), mais l'ébullition de l'eau (portée à trois cents degrés) est séparée du réacteur par un système caloporteur. La vapeur fait tourner une turbine et produit de l'électricité. L'eau est également condensée puis réinjectée. C'est ainsi que fonctionnent les grandes centrales nucléaires actuelles.

Si l'on ajoute au coût de production du kilowatt la sécurité (les risques de terrorisme), l'alimentation en uranium venant d'Afrique, le démantèlement des centrales (non budgété dans l'investissement primaire), le stockage des déchets (dont personne ne veut), les risques de faible radioactivité pendant de longues durées, le sujet reste très sensible dans l'opinion publique et le prix au kilowatt est beaucoup plus élevé qu'il n'y paraît.

L'énergie nucléaire est en train de subir une mutation profonde. Les scientifiques et les ingénieurs s'interrogent en effet sur la sécurité et la stabilité des centrales. On parle désormais des centrales nucléaires de « quatrième génération ». Attendus vers 2020 ou 2050, trois grands modèles devraient voir le jour. La France fait en effet partie d'un consortium qui étudie de nouveaux modèles de réacteurs : le SFR (*sodium-cooled fast reactor*), refroidi au sodium ; le GFR (*gas-cooled fast reactor*), refroidi à l'hélium*, et le VHTR (*very high temperature reactor*), à neutrons thermiques.

Forte de plusieurs échangeurs, la centrale de demain sera beaucoup plus sûre et produira moins de déchets radioactifs. Elle permettra également de fabriquer de la vapeur à différentes températures.

Grâce à ces nouvelles centrales, on pourra dessaler l'eau de mer et la transformer en eau douce. C'est une solution intéressante pour les pays en développement qui manquent cruellement d'eau. On pourra également fabriquer de l'hydrogène, cet hydrogène qui est appelé à devenir l'un des grands vecteurs énergétiques de l'avenir.

Sans être un pro-nucléaire convaincu, je précise à l'intention des « anti-nucléaires » que le nucléaire est en passe d'être « réinventé », même si ce n'est pas à court terme mais à l'horizon 2020 au moins. De plus en plus de pays s'y intéressent.

La réaction de fission et la réaction de fusion

Le nucléaire connaît deux types de réaction : la réaction de fission et la réaction de fusion.

Dans la réaction nucléaire de fission (celle qui se produit dans une bombe atomique), l'uranium 235 (très instable) est bombardé par des neutrons. Les atomes lourds d'uranium se brisent et libèrent encore plus de neutrons. C'est la réaction en chaîne. Quand on atteint la « masse critique », les neutrons fusent dans tous les sens et brisent de nouveaux noyaux d'uranium en libérant énormément de chaleur. D'autres neutrons vont aller casser d'autres noyaux d'uranium, et ainsi de suite. Un réacteur nucléaire est, en quelque sorte, une bombe atomique contrôlée… Cette réaction en chaîne pourrait se poursuivre ainsi indéfiniment si on n'arrivait pas à la maîtriser.

Heureusement, on peut la contrôler, par exemple en abaissant des barres de graphite[33], qui absorbent les neutrons, au cœur de la pile. L'absorption des neutrons empêche que se produise une « divergence ». Une telle divergence a causé l'accident survenu à Tchernobyl en 1986 : trop de neutrons ont fusé par rapport au combustible. Le cœur n'a pu résister, il a fondu et s'est en partie enfoncé dans le sol. S'il avait été encore plus loin, on aurait atteint ce qu'on appelle le « syndrome chinois ». C'est effectivement ce qui se passe quand une réaction nucléaire de fission n'est plus contrôlée.

La fusion repose sur un principe totalement différent. On fait fusionner deux atomes légers (par exemple du deutérium* et du tritium* pour ITER*). Ils vont produire

[33] Dans les REP, c'est l'eau du circuit primaire qui exerce la fonction de modérateur.

de l'hélium et libérer un neutron. Cette réaction diffuse une chaleur énorme. C'est aussi ce qui se passe dans le soleil, sauf que c'est l'hydrogène qui se transforme en hélium. Du fait de la gravitation et de la chaleur que dégage naturellement le soleil, la réaction (la « bombe à hydrogène » représentée par le soleil) s'entretient d'elle-même.

Pour reproduire artificiellement cette opération, il faut réussir à conserver suffisamment longtemps ensemble le tritium et le deutérium en les piégeant au moyen de lasers, comme le laser mégajoule*. Ces lasers, ultrapuissants, convergent sur une « pastille » (*pellet*) de deutérium et de tritium confinés suffisamment longtemps pour que la fusion se déclenche.

Jusqu'à présent, les chercheurs sont parvenus à faire durer le confinement de quelques milliardièmes de seconde à trois secondes. Leur but est d'atteindre quatre cents secondes, mais ils n'en sont pas à ce stade. Bien que ces travaux passionnent les spécialistes du monde entier, on est encore loin d'arriver à la fusion commerciale ; si on y parvient (mais il n'est pas sûr qu'on puisse disposer de parois qui résistent aux neutrons rapides), ce sera de toutes façons bien après 2020. Une piste intéressante, ouverte par les « machines Z* », est l'accès à des températures bien supérieures permettant cette fois des réactions plus proches de ce qui se passe dans le soleil.

Le Graal de la fusion froide

Même si on en parle peu, la grande utopie de la fusion froide passionne également de nombreux chercheurs dans le monde... L'encyclopédie en ligne Wikipédia en donne une excellente définition : « La fusion froide désigne la réalisation d'une réaction de fusion nucléaire réalisée dans des conditions de température et de pression ambiantes, à l'inverse des réactions de fusion nucléaire classiques, mises en jeu par exemple dans les bombes thermonucléaires (bombes H), qui nécessitent une température bien plus élevée. »

En 1989, deux électro-chimistes américains, Stanley Pons et Martin Fleischmann, de l'université d'Utah, ont provoqué un raz de marée scientifico-médiatique en prétendant avoir obtenu un phénomène de fusion nucléaire contrôlée dans des tubes à essais, lors d'une banale manipulation d'électrolyse en laboratoire. Personne n'a jamais pu, à ce jour, reproduire cette expérience. Le monde de la recherche a crié à la fraude scientifique, mais, à la décharge de ces deux scientifiques, qui ont sans doute eu le tort d'exagérer leur découverte, d'autres scientifiques ont ouvert de nouvelles pistes grâce à leurs travaux. Depuis, certains confrères dans plusieurs pays, notamment au Japon, marchent sur leurs traces. Cependant, sauf surprise, on ne peut rien attendre à court terme de ces pistes non conventionnelles.

Les supraconducteurs

Les supraconducteurs sont des céramiques conduisant l'électricité à très basse température tout en évitant l'effet de résistance. C'est le diamagnétisme* ou l'« effet Meissner-Ochsenfeld » découvert par Walther Meissner et Robert Ochsenfeld en 1933. Les supraconducteurs représentent une importante source potentielle d'économie d'énergie.

Certains se souviennent peut-être avoir tenté cette petite expérience sur les bancs de l'école : on fait passer une grande quantité d'électricité à travers un fil de cuivre. Selon la loi Q = Ri2t (la chaleur dégagée équivaut à la résistance multipliée par le carré de l'intensité du courant et par le temps), le fil chauffe parce qu'il rencontre une résistance. Bien entendu, moins le fil est résistant, plus l'électricité passe facilement. C'est l'idée de base des supraconducteurs. Tout le monde en rêve mais, à ce jour, il n'y a pas encore beaucoup d'applications commerciales à cause de la difficulté à maintenir leur température de fonctionnement. Cela devrait changer s'il se confirme qu'on peut obtenir cette supraconductivité à une température plus accessible.

L'effet de serre

J'aimerais maintenant aborder le problème des économies d'énergie et du réchauffement planétaire. C'est aujourd'hui un fait acquis, que la presse a largement relayé : le rayonnement solaire traverse l'atmosphère terrestre. Réfléchi en partie par les lacs, la montagne, la verdure, le rayonnement restant est capté pour la photosynthèse ou absorbé par le sol. Ce même rayonnement émet de la chaleur infrarouge dont l'énergie est plus faible que celle des rayons ultraviolets qui traversent l'atmosphère. Résultat : il n'a plus l'énergie nécessaire pour retraverser la couche atmosphérique et « rebondit » *sous* elle. Il en est ainsi de la chaleur piégée par une couverture en laine ou par le toit en verre d'une serre. C'est l'« effet de serre* » avec sa conséquence : la terre se réchauffe de plus en plus. En résumé, plus on dégage du

CO_2, plus celui-ci s'accumule et plus l'effet de serre est important.

Il faut bien en convenir, les États-Unis, qui ont refusé de signer le protocole de Kyoto pour différentes raisons, sont aussi, incontestablement, les plus gros émetteurs de CO_2 du monde.

Même pour produire de l'électricité, le plus souvent on brûle du gaz naturel, du charbon ou du pétrole, et le carbone s'accumule. Des voix s'élèvent, de plus en plus nombreuses, pour réclamer des comptes. Et si la hausse (ou la baisse) de la température en certains endroits, l'augmentation du nombre de cyclones, les inondations à répétition, la fonte des glaciers ou la fusion de la calotte glaciaire étaient dues à cet effet créé par les humains sur leur propre planète en brûlant des combustibles fossiles ? La question n'est pas de nous culpabiliser mais de savoir ce que l'on peut faire pour limiter les dégâts.

Les réserves de pétrole à sec vers 2030 ?

Si l'on étudie les prévisions de consommation non renouvelable (charbon, pétrole, gaz) ou d'origine nucléaire dans le monde en 2020, la tendance ne risque pas de s'inverser… La courbe de la consommation de charbon et de pétrole va continuer à augmenter puisque l'Inde et la Chine ont besoin d'assurer leur croissance économique. Cependant, la consommation de pétrole va rapidement se stabiliser. En effet, même si l'on découvre régulièrement de nouveaux gisements (on peut continuer à trouver du pétrole dans les fameux schistes bitumineux* ou aller le chercher en profondeur), le coût d'extraction devient tellement élevé que sa valeur en termes de produit national brut (PNB) est supérieure à la valeur ajoutée économique générée par sa combustion. Autrement dit, au-delà d'un coût donné, il n'est plus rentable d'extraire et de vendre le pétrole pour le brûler ; l'« or noir » est dès lors réservé à des utilisations plus « nobles ». On a atteint ce qu'on nomme la « loi des rendements décroissants ».

Or, les experts – même les experts pétroliers – s'accordent à admettre que, d'ici à 2030 ou à 2035, il n'y aura plus de réserves accessibles à un coût réaliste. Il faut donc, dès à présent, réfléchir à des voies alternatives. Outre le nucléaire avec les centrales de quatrième génération et les énergies renouvelables bien sûr, les économies d'énergie constituent, pour l'heure, une véritable source d'énergie « en creux » puisque tout ce qui est économisé n'a pas à être dépensé...

De fait, tous les moteurs, depuis les ascenseurs jusqu'aux automobiles, en passant par le moteur de votre machine à laver ou de votre robot à broyer les légumes, ont des rendements déplorables. Jamais jusqu'à maintenant, on ne s'était sérieusement inquiété du moyen d'améliorer le rendement de ces machines.

Si l'on mesure le rendement des machines en fonction de leur origine (nucléaire, charbon, gaz, pétrole...) et de leurs utilisations (transformation en électricité, en chaleur ou autres ; pertes, export, industrie, résidence, commerce ou transports...), on obtient un rendement de seulement cinquante pour cent. Soit cinquante pour cent d'entropie, d'énergie gâchée, perdue. Il y a un gisement énergétique énorme qui pourrait être valorisé grâce aux économies d'énergie !

Et la France dans tout ça ?

Si l'on observe la situation en France, on note qu'elle ne produit plus de charbon, peu de gaz naturel ou de pétrole (trois millions de tonnes d'équivalent pétrole chacun, soit à peine un pour cent de la production annuelle d'énergie) mais obtient soixante-dix-huit pour cent de son électricité grâce à l'énergie nucléaire (dont elle exporte une partie à l'étranger, tout en conservant les déchets sur place !). Elle produit également une quantité importante d'énergie hydroélectrique, qu'elle consomme en totalité, et d'autres renouvelables, obtenues notamment à partir des déchets agricoles ou ménagers et utilisées pour chauffer certaines villes, par exemple avec la cogénération.

Évidemment, tout ceci pose des problèmes fondamentaux, stratégiques en termes de gestion des économies d'énergie. L'Agence française pour le développement et la maîtrise des énergies (ADEME), établissement public sous la tutelle des ministères de l'Écologie et du Développement durable, de l'Industrie et de la Recherche, a été créée pour « susciter, animer, coordonner, faciliter ou réaliser des opérations ayant pour objet la protection de l'environnement et la maîtrise de l'énergie » ainsi qu'il est indiqué sur son site Web[34].

La technologie peut nous aider à économiser de l'énergie et l'industrie peut devenir « démanufacturière », c'est-à-dire intégrer à la base des fonctions de recyclage. Grâce à l'électronique notamment (à une gestion informatique et à des capteurs en réseaux à l'intérieur des bâtiments – ce qu'on appelle l'« énergie intelligente »), elle peut aider à économiser l'énergie dans les habitations, mais aussi les

[34] http://www.ademe.fr/ Ce site énonce également quelques règles de base pour économiser l'énergie.

engrais dans les champs. Des efforts personnels sont certes nécessaires pour réaliser ces économies. Mais ces efforts seront beaucoup plus efficaces s'ils interviennent dans le cadre d'une volonté politique mettant en œuvre ces nouvelles technologies à grande échelle.

Les grandes innovations de demain

Quelques exemples montrent néanmoins que les ingénieurs et les scientifiques déploient des efforts importants pour trouver des solutions innovantes aux problèmes énergétiques.

Comme on l'a vu, l'énergie nucléaire évolue positivement avec les centrales de quatrième génération. L'énergie photovoltaïque, éolienne, mais plus encore les énergies combinées les unes avec les autres sont en train de se développer d'une manière intéressante, avec en particulier le couplage d'énergies renouvelables mais intermittentes avec des énergies fossiles. On parle de production d'énergie dans des matrices « multimodales ».

Cogénération

En tournant, la turbine d'une centrale de cogénération produit de l'électricité, mais aussi de la chaleur qui est récupérée au lieu d'être perdue comme dans les centrales classiques. De ce fait, le rendement est bien supérieur, ce qui limite d'autant la pollution. Selon l'énergie utilisée (charbon, fuel, gaz, biomasse), la centrale produit moins de poussière, occasionne moins de transport et de rejets aqueux. Avec la cogénération, on peut incinérer divers matériaux, créer de la vapeur à différentes températures, de l'air chaud ou de l'eau chaude en même temps que de l'électricité.

Cette technique a été occultée pendant des décennies, le lobby pétrolier préférant vendre du fuel aux grandes centrales thermiques. De plus en plus d'usines de cogénération se développent dans le monde, et en particulier en France depuis l'ouverture à la concurrence du marché de la production d'énergie. Même si EDF domine encore le marché, elle ne détient plus le monopole énergétique ; aussi voit-on déjà apparaître quelques entreprises qui favorisent la cogénération et proposent de l'énergie sous la forme électrique ou thermique la mieux adaptée à votre entreprise, à votre village ou à votre ville.

Moteur de Stirling

Le moteur Stirling* est un moteur à combustion externe, également appelé « à air chaud », dont le rendement est supérieur aux moteurs à explosion, silencieux, non polluant et réversible, pouvant servir tout aussi bien de système de réfrigération. Cette forme de production d'énergie, propre et élégante, s'obtient à partir d'une parabole solaire par exemple. Dès que le soleil brille, la parabole concentre sa chaleur sur une partie du moteur Stirling. Il se met alors en route, entraînant une roue qui tournera ensuite tant que la source de chaleur sera alimentée. On peut aussi imaginer un système capable de suivre la course du soleil selon les heures du jour.

Pour faire fonctionner le moteur Stirling, il suffit d'une source chaude et de deux pistons. Quand une partie du moteur est chauffée, le piston recule. Comme celui-ci est lié à un autre piston, lui-même fonctionnant de façon désynchronisée avec le premier, l'air froid est refoulé par un conduit et repousse l'air chaud. L'un des pistons recule donc sous la pression de l'air chaud, tout en actionnant l'autre qui, lui, réintroduit de l'air froid à l'intérieur du compartiment chauffé. Et le cycle recommence.

On peut utiliser différentes sources de chaleur, par exemple la combustion du gaz ou le soleil. Le système fonctionne un peu comme une machine à vapeur ou un moteur Diesel, sauf qu'il n'y a ni combustion ni étincelle. Si vous remplacez le mouvement de la roue par une bobine électrique se déplaçant entre deux aimants, vous produisez de l'électricité. Voilà une innovation appelée à se développer de plus en plus et qui intéresse de nombreuses entreprises dans le monde.

Cheminée solaire

Le Pr. Jörg Schlaich[35], un ingénieur en génie civil allemand, a conçu une cheminée solaire en béton précontraint de mille mètres de haut (soit la hauteur de trois tours Eiffel superposées !) ; tenue par des haubans, elle devait être installée sur une serre en plastique de cinq kilomètres de diamètre (la moitié de la superficie de Paris…) en plein désert d'Australie. Des modèles un peu plus réduits ont déjà été réalisés ou sont en cours de réalisation, en Espagne notamment.

Le fonctionnement de cette cheminée démesurée repose sur le principe suivant : le soleil chauffe l'air de la serre à cinquante ou soixante degrés Celsius. Tout en haut de la cheminée, la température oscille entre dix et douze degrés.

[35] Né en 1934, Jörg Schlaich est surtout connu pour avoir réalisé le stade olympique de Munich et la tour du parc du Killersberg de Stuttgart.

L'air chaud s'engouffre dans la cheminée et remonte à toute allure jusqu'en haut. Le déplacement des particules gazeuses s'accélère d'autant plus que leur zone de circulation se rétrécit. En dynamique des fluides, ce phénomène s'appelle l'« effet Venturi* ». Le courant d'air ainsi créé contribue à faire tourner trente-deux turbines – plusieurs éoliennes internes en quelque sorte –, produisant de l'électricité.

Outre les risques que présente ce type d'installation pour les avions, d'autres dangers inquiètent les écologistes australiens qui voient d'un mauvais œil le gros nuage qui flottera en permanence au-dessus de la cheminée… En réalité, il ne s'agit pas de fumée, mais de la condensation de l'air chaud. Les opposants à cette expérience assurent que la cheminée modifie le climat localement.

Quoi qu'il en soit, cette maxi-cheminée pourrait produire tout de même trois cents mégawatts (cinquante pour un projet plus modeste en construction) et permettra, à plein régime, l'approvisionnement en énergie d'une municipalité de cent cinquante mille habitants située à proximité.

Vers une « économie de l'hydrogène » ?

Ainsi, chercheurs et ingénieurs continuent à travailler et à innover dans le domaine du solaire. De nouvelles pistes sont en cours d'exploration, notamment des capteurs solaires plus efficaces et moins chers, voire transformant la chaleur en électricité, qui devraient être commercialisés fin 2007. Mais c'est l'hydrogène qui représente, me semble-t-il, une des plus importantes innovations des années à venir.

Les experts s'accordent aujourd'hui à reconnaître que l'hydrogène est un des grands vecteurs énergétiques du futur. Le lobby pétrolier a certes tenté de reculer l'échéance en prétendant que cette forme d'énergie ne servirait à rien et coûterait beaucoup trop cher à produire.

On fabrique déjà plus de cinq cents milliards de mètres cubes d'hydrogène par an dans le monde. Ainsi, deux cent cinquante milliards de mètres cubes d'hydrogène sont utilisés pour la production d'ammoniac (engrais), cent quatre-vingt-cinq pour la pétrochimie, le méthanol ou l'agroalimentaire (pour fabriquer de la margarine notamment).

À l'heure actuelle, quatre-vingt-dix pour cent de l'hydrogène est obtenu par vapo-reformage : le gaz naturel est chauffé sous pression et en présence de catalyseurs, ce qui dégage de l'hydrogène. On exploite donc une ressource non renouvelable pour fabriquer cet hydrogène. Ce n'est évidemment pas une bonne solution à moyen terme… C'est pourquoi d'autres sources de production sont explorées.

Par exemple, on étudie la possibilité de produire de l'hydrogène par électrolyse. L'opération consiste à faire circuler un courant électrique dans l'eau de manière à ce que l'électricité dissocie l'eau (H_2O) en hydrogène et en oxygène. Pour réaliser cette production en continu, il faut évidemment des surfaces suffisamment vastes si l'on veut créer de l'électricité à partir de l'énergie solaire.

On peut obtenir également de l'hydrogène grâce à la biomasse*. En effet, les déchets ménagers et agricoles peuvent être convertis en hydrogène par un simple chauffage sous pression en présence de catalyseurs. Une autre solution consiste à faire croître des algues photosynthétiques modifiées génétiquement, dans d'immenses bassins.

La question est de savoir comment stocker cet hydrogène ? L'idée première est de l'enfermer sous forme liquide dans une espèce de bouteille Thermos. On peut aussi le stocker sous forme gazeuse à haute pression (trois cent cinquante bars) dans des bouteilles d'hydrogène. Ou encore à basse pression en l'insufflant dans des nanotubes de carbone*. Ou dans des hydrures métalliques. Ou dans des polymères qui serviront d'éponges à hydrogène en quelque sorte. Voire dans de l'éthanol. La solution des nanotubes de carbone utilisés comme réservoirs à hydrogène est celle qui semble rencontrer le plus d'intérêt auprès de certains constructeurs automobiles ; mais son stockage sous forme de méthanol* s'imposera peut-être avant. Peut-être suffira-t-il d'avoir des batteries beaucoup plus performantes que les batteries actuelles (par exemple sous forme de maxi-condensateurs, à base de nanotubes de carbone aussi) pour qu'on n'ait plus besoin d'autant d'hydrogène...

Le syndrome de Hindenburg

Je précise, pour rassurer ceux qui craignent de voir exploser le réservoir à hydrogène de leur voiture, que les risques sont moindres qu'avec un réservoir classique. Tout le monde connaît l'histoire de ce zeppelin allemand, le *Hindenburg*, gonflé à l'hydrogène et qui explosa à la fin des années 1930. En revanche, peu de gens savent que c'est l'enveloppe en acétate qui a provoqué l'embrasement immédiat du dirigeable, à la suite, sans doute, d'un attentat.

On a tenté de faire exploser de l'hydrogène dans des tunnels en libérant le combustible au-dessus de camions et en allumant une flamme. Contrairement aux idées reçues, l'hydrogène ne brûle pas aussi facilement. Ce gaz est tellement léger qu'il se diffuse très rapidement, alors que la vapeur d'essence, mélangée à l'air, stagne autour du réservoir des automobiles (provoquant les fameuses explosions mises en scène dans les films à grand spectacle).

On s'oriente sans doute vers une « économie de l'hydrogène », pour reprendre l'expression du prospectiviste économique et scientifique américain Jeremy Rifkin, auteur en 2002 de *L'Économie hydrogène. Après la fin du pétrole, la nouvelle révolution économique*[36]. Selon Rifkin, si l'hydrogène se développe, on sera capable de décentraliser la production d'énergie, comme on a su décentraliser l'information sur Internet. C'est ce que Rifkin appelle le modèle « hydronet* ». Pour lui, la force de l'Internet est d'avoir transformé les utilisateurs en consomm-acteurs, en producteurs d'informations, en complémentarité avec les grands monopoles pyramidaux représentés par la télévision, la radio, les grandes entreprises de distribution de musique. Une évolution analogue pourrait se produire dans le domaine de l'énergie.

Si l'hydrogène peut être distribué de manière à faire fonctionner de très nombreuses piles à combustible, les utilisateurs de ces piles pourraient, quand ils ne se servent pas par exemple de leur voiture, brancher celles-ci sur le circuit municipal et renvoyer ainsi l'électricité produite par leur PAC* pour répondre aux besoins du quartier. Le jour où cette répartition sera possible, l'hydronet incarnera une nouvelle civilisation de la responsabilisation de la production énergétique. Je trouve que l'idée de Rifkin va très loin, non seulement sur le plan économique, mais aussi dans la promotion de la responsabilité des écocitoyens.

[36] Jeremy Rifkin, *L'Économie hydrogène. Après la fin du pétrole, la nouvelle révolution économique*, *op. cit.*

Dans une pile à combustible, l'hydrogène pénètre par un côté et l'oxygène par un autre. L'hydrogène traverse une membrane spéciale (catalyseur qui représente actuellement l'essentiel du prix de la pile), perd son électron, lui-même capté dans un circuit électrique, puis se recombine à l'oxygène pour se transformer en eau. Le principe de la pile à combustible est donc l'inverse de celui de l'électrolyse.

Depuis les premières piles à combustible développées par l'industrie aéronautique et les militaires, on a fait du chemin. Motorola travaille actuellement sur une pile à combustible puissante de la taille d'un doigt. On utilise déjà des modules de PAC qu'on place les uns à côté des autres, en série, pour constituer les réservoirs qui alimenteront les moteurs du futur. Les grandes marques d'électronique (Casio, Sony, Kyocera, Samsung...) développent des piles à combustible contenant une petite cartouche de méthanol, qui alimenteront nos ordinateurs et nos téléphones cellulaires dans les cinq années à venir. Les progrès sont rapides et la tendance est à la miniaturisation.

Les biocarburants

En Finlande, des bus et des flottes d'automobiles circulent déjà à l'hydrogène. Il ne faut pas l'oublier, l'énergie du futur passe aussi par les biocarburants produits par la photosynthèse, avec le bioéthanol de la canne à sucre ou des betteraves, ainsi que les huiles végétales (le colza, le tournesol, le soja, l'arachide) même si elles sont moins performantes... Mais aussi par l'hydrogène. Une entreprise anglaise, Intelligent Energy Systems, a conçu une moto à hydrogène qui abrite une pile à combustible à la place du réservoir. Ce système est ingénieux car un module enfichable permet de retirer la pile à combustible afin de servir pour une toute autre application, par exemple pour alimenter une tondeuse à gazon...

La société canadienne Ballard Power Systems commercialise déjà des PAC domestiques produisant cinquante kilowatts.

Le problème principal, cependant, reste celui de la distribution. On estime que, dans les zones urbaines concentrées, la distribution de l'hydrogène pourrait se réaliser par pipelines ; mais les risques de fuites sont plus importants qu'avec le gaz naturel. On peut également utiliser le méthanol comme source d'hydrogène. Il est possible, par exemple, d'effectuer le reformage* du méthanol *in situ* dans des moteurs de voitures. On pourrait aussi le faire livrer par des méthaniers. Il existe aujourd'hui une quarantaine de stations-service pilotes dans le monde (en Allemagne, au Japon, en Suède et en Finlande), qui délivrent de l'hydrogène sous pression à des autobus et à des voitures équipés d'un réservoir spécial. En Angleterre, en Allemagne ou au Canada, il est en outre possible de s'abonner à un fournisseur d'hydrogène sous pression qui le livre dans un réservoir ressemblant aux grandes bonbonnes de gaz propane enterrées dans le jardin ou enfouies dans la cave de la maison. En France en revanche, il n'existe pas encore de station-service distribuant de l'hydrogène. La société L'Air liquide étudie actuellement les conditions d'une telle distribution.

De la Swatch à la Prius...

Parmi les exemples insolites, on peut citer une montre Swatch à hydrogène, un modèle de scooter Honda fonctionnant à l'hydrogène exclusivement, et la première voiture grand public roulant à l'hydrogène chez Toyota. Ces innovations existent, mais elles ne se répandront pas tant que la question de la distribution à grande échelle ne sera pas résolue.

La transition entre les voitures à moteur thermique et les voitures à hydrogène passera sans doute par les voitures hybrides, comportant un moteur thermique et un moteur électrique. Toyota commercialise la Prius, voiture hybride dont le moteur à essence recharge en permanence les batteries actionnant le moteur électrique. Le constructeur japonais a vendu les licences du moteur hybride de sa Prius (élue voiture de l'année 2004) à d'autres grands constructeurs automobiles.

Les dix gestes qui sauvent, ou chacun pour tous !

Les économies d'énergie constituant le plus grand gisement disponible, j'aimerais conclure cette partie en rappelant les « gestes qui peuvent aider à sauver la planète » (*Dix règles d'or du défi pour la Terre, proposées par la Fondation Nicolas-Hulot*[37]).

1. Je trie mes déchets et j'évite les emballages inutiles.
2. Je préfère les produits respectueux de l'environnement et j'évite les produits jetables.
3. J'éteins les appareils électriques au lieu de les laisser en veille.
4. Je choisis des appareils économes en énergie (lampes basse consommation).
5. Je préfère une douche rapide au bain.

[37] http://www.fondation-nicolas-hulot.org/

6. Je ne surchauffe pas mon logement et je l'isole le mieux possible.
7. J'installe un chauffe-eau solaire ou du chauffage au bois chez moi.
8. J'utilise moins la voiture pour aller travailler. J'accomplis les petits déplacements à pied.
9. Je conduis souplement et moins vite.
10. Pour mes voyages, je préfère prendre le train.

Je me permets d'insister sur deux termes que j'ai déjà utilisés : les « égocitoyens » égoïstes, qui ne pensent qu'à eux, et les « écocitoyens », qui ont compris les enjeux du développement durable et essaient, collectivement, de transformer leur geste en un geste du chacun-pour-tous afin de lutter contre le chacun-pour-soi.

J'aimerais aussi écrire quelques mots sur les agriculteurs traditionnels, souvent dénigrés ces derniers temps, et rappeler que les paysans ont été les premiers grands écologistes. Ils ont su aménager le territoire, conserver l'écocapital (jachères, fumier) et utiliser les revenus de la Terre (le lait de vache, les œufs de poule...) au lieu de dépenser leur capital.

On doit repenser les métiers et les cultures de l'avenir pour un monde plus frugal... Frugal à la fois en alimentation, parce qu'on mange trop et mal, et en énergie, parce qu'on pollue trop en gaspillant l'énergie (c'est ce qu'on appelle réduire notre empreinte écologique).

*

* *

Pour construire notre avenir énergétique à l'horizon 2020, il est clair que les énergies renouvelables ne constitueront pas, à elles seules, des alternatives, filière par filière, aux énergies fossiles ou nucléaires. Elles représentent un complément global qui doit se concevoir dans le cadre de matrices multimodales : dans certains cas, le solaire thermique sera plus rentable que le photovoltaïque ; dans d'autres, ce sera l'énergie éolienne ou la biomasse. Certains pays, comme l'Allemagne, proposent que l'on paye son énergie à des prix différents selon la source. En payant plus cher, si l'on souhaite développer l'énergie verte, on favorise ainsi une filière plutôt qu'une autre. C'est une sorte de vote par l'achat d'énergie. Les énergies renouvelables peuvent aussi être encouragées dans le cadre d'un plan politique volontariste, en bénéficiant d'une moindre taxation.

Mais, pour cela, il faut changer de paradigme*. Ce que j'appelle l'écoénergétique* a pour but de définir les moyens permettant d'éviter l'interférence des activités industrielles et économiques des hommes avec les cycles naturels. Il s'agit de créer les bases d'une coopération réelle et efficace entre l'homme et la nature, abandonnant pour toujours l'ancienne idée de domination.

La science économique s'est mise « entre parenthèses » de la nature en négligeant de considérer les entrées (ressources naturelles non renouvelables) et les sorties (rejets) de la machinerie économique, interprétées comme extérieures à son champ d'action. Les ressources étant jugées abondantes et illimitées et les rejets sans valeur marchande, les flux entrants et sortants n'ont pas été pris en compte. Une autre logique, pourtant, a précédé celle des hommes et de leur économie : la coévolution* des écosystèmes, avec leurs milliards d'espèces animales et végétales reliées par les grands cycles biogéochimiques. Tout un jeu de régulations subtiles et millénaires fait intervenir là l'ensemble des acteurs de la biosphère au sein de fragiles réseaux. Cette bioéconomie de la nature a permis le maintien des écosystèmes terrestres et leur évolution.

Si nous n'adoptons pas, dès maintenant et à l'échelle planétaire, les principes fondamentaux de l'écoénergétique, de la bioéconomie, de la coévolution et de l'amortissement de l'écocapital, il sera de toute évidence trop tard en 2020 pour inverser la tendance néfaste vers laquelle nous conduit une croissance industrielle et économique non régulée.

QUATRIÈME PARTIE

Biotechnologies, santé et médecine

L'évolution des relations entre l'homme et les sciences du vivant peut être envisagée en quatre grandes phases : le passage d'une biologie « descriptive » (fondée sur le classement des espèces) à une biologie « explicative » par suite de l'essor de la biologie moléculaire. Puis « transformatrice » grâce au génie génétique et aux biotechnologies*. Et enfin, désormais, une biologie « impliquante » qui, bénéficiant des progrès de la génomique*, conduit l'homme à devenir sujet *et* objet de ses propres expériences.

La biologie moléculaire a permis de comprendre les processus de base du fonctionnement des cellules, d'abord des bactéries, ensuite des cellules évoluées. Le génie génétique réussit à créer un véritable langage de programmation moléculaire. La biologie est ainsi devenue une science du « traitement de l'information biologique ».

Au cours des importants développements scientifiques et technologiques de ces dernières années dans le domaine des biotechnologies, on a pu constater que le moléculaire, le numérique et le mécanique entraient en interdépendance. Cette convergence se traduit par des relations toujours plus étroites entre biotechnologies, infotechnologies, nanotechnologies et microélectronique.

Grâce à l'ordinateur, il est devenu possible non seulement de visualiser des molécules complexes, mais de vérifier les modifications que l'on peut réaliser, d'abord en numérique et ensuite au laboratoire. L'essor d'outils puissants, tels que le microscope à effet tunnel* (MET), le microscope à force atomique* (MFA), les biotransistors et l'électronique moléculaire, ouvre des voies nouvelles. Les percées réalisées dans la mise au point de nouveaux médicaments à partir du décryptage du génome humain s'appuient sur une relation toujours plus étroite entre biologie et informatique.

L'évolution technologique, née de la convergence de ces disciplines scientifiques, conduit à de nouveaux matériaux dits « intelligents » : puces implantables susceptibles de traiter de nombreux désordres métaboliques (rétine artificielle, audition artificielle, pompe à insuline, simulateurs ou défibrillateurs cardiaques), biopuces destinées à des tests biochimiques et médicaux ou machines moléculaires capables d'exécuter de nombreuses fonctions.

De plus, les nanotechnologies nous ouvrent un nouvel univers de fabrication de pièces miniaturisées pouvant servir dans des systèmes de diagnostics ou dans des appareils implantables. Ainsi, des nanolaboratoires peuvent analyser en parallèle plus de cinq cent mille nouvelles molécules par jour. Des micro-usines fondées sur le principe des MEMS (*microelectromechanical systems*) sont capables de synthétiser des structures complexes, de séparer des mélanges comportant des concentrations très faibles de molécules ou de procéder à la catalyse de processus variés.

Une application spectaculaire des MEMS est la « pilule intelligente » : une pilule bioélectronique implantable libérant les produits qu'elle contient pendant des durées atteignant plusieurs mois. D'autres chercheurs ont réussi à fabriquer un « implant intelligent », capable d'administrer de l'insuline à des diabétiques par l'intermédiaire de cellules vivantes enrobées à l'intérieur d'un microréservoir comportant une membrane poreuse. L'usage de biocapteurs* combinés avec des textiles intelligents a conduit à la mise au point de vêtements permettant à des médecins de suivre à distance certains paramètres du métabolisme* de leurs patients. Un pas de plus a été accompli dans la production de systèmes bioélectroniques permettant d'interfacer directement le système nerveux à des machines électroniques ou à des robots.

D'importants progrès sont en outre réalisés dans le domaine du vieillissement. Longtemps, nous avons considéré le vieillissement comme une fatalité, comme un processus inéluctable dont la compréhension nous échappait. Depuis quelques années, la science identifie les mécanismes qui président au déclin du corps. Le drame du vieillissement se joue au fond de nos organes, dans l'intimité de nos cellules, dans l'expression* de nos gènes, comme un bruit de fond croissant et parasitaire. Le corps, lui aussi, rouille à sa manière. Forts de ces nouvelles connaissances, les chercheurs apprennent maintenant à ralentir l'approche de la mort...

Pourquoi vieillit-on ? Que se passe-t-il vraiment dans notre organisme ? Comment retarder la sénescence ? Quelles sont les recettes de la longévité ? Les révélations les plus pointues de la science rejoignent les conseils de bon sens sur notre alimentation et nos modes de vie, et même parfois certaines recettes ancestrales. La longévité est entre nos mains. Nous avons désormais le pouvoir d'agir sur notre propre corps pour lui donner toutes les chances de longue vie. Ce n'est qu'un début : déjà s'annonce une révolution médicale et technologique qui nous promet un corps réparé, modifié, peut-être transformé.

La révolution des sciences du vivant

Grâce aux biotechnologies, les sciences et techniques du vivant ont acquis une dimension industrielle. La transformation des biomatériaux et des cellules, qui se réalise à l'échelle de la planète de manière compétitive et concurrentielle comme dans toute industrie, conduit à des produits intéressant l'industrie pharmaceutique, agroalimentaire, la chimie, l'environnement ou le secteur de l'énergie. L'industrie pharmaceutique s'est développée en produisant des *blockbusters**, ces médicaments prescrits à des millions de personnes pour traiter les maladies cardio-vasculaires, l'hypertension, l'excès de cholestérol, les dépressions, les rhumatismes. Mais ces molécules sont de plus en plus critiquées pour leurs effets secondaires ou pour leur inefficacité chez certains patients. L'industrie pharmaceutique emprunte maintenant de nouvelles voies. Elle s'oriente vers des médicaments de confort, des produits qui améliorent la qualité de vie des personnes âgées et les aident à garder la mémoire, une meilleure apparence, une certaine force musculaire, une activité sexuelle.

Ainsi, trois secteurs industriels vont se rapprocher : celui de la pharmacie, celui des cosmétiques et celui de la nutrition. On va assister à l'apparition sur le marché de nombreux « alicaments* » (aliments médicamenteux) et à la naissance d'une « cosméceutique » (ou « cosmétique pharmaceutique »).

Avec la génomique, la transgénie, la bio-informatique, l'évolution des biotechnologies atteint un nouveau stade : elle questionne directement l'homme sujet et objet, ingénieur des gènes. Nous transformons la biosphère* et cette transformation nous change de manière irréversible. Les progrès scientifiques et techniques dans les sciences du vivant ouvriront de nouveaux horizons, riches de promesses mais aussi lourds de menaces. Il deviendra possible de cloner et cultiver des cellules embryonnaires* humaines pour créer des usines à organes permettant de remplacer des organes déficients.

Mais le pouvoir de créer de nouvelles espèces végétales et animales pourra-t-il être contrôlé ? L'homme prendra-t-il le relais de l'évolution biologique ? À l'horizon se profile déjà le mariage de la biologie, des nanotechnologies et de l'informatique, avec la possibilité d'une communication directe entre le cerveau de l'homme et les ordinateurs du futur. Une nouvelle forme de symbiose* pourrait ainsi naître entre le biologique et l'électronique. À l'homme de savoir fixer les limites pour éviter que ses créatures biologiques ou électroniques ne se retournent contre lui.

Reprogrammer le vivant

La révolution biologique a commencé il y a une trentaine d'années. Grâce à l'ordinateur – et plus particulièrement à la bio-informatique –, on commence à percer les secrets de la transmission de l'information biologique qui, contenue dans l'ADN, c'est-à-dire dans le patrimoine génétique, irrigue le vivant. On peut donc dire que la révolution biologique est aussi et surtout une révolution dans le traitement de l'information biologique.

Depuis les années 1970-1980, cette révolution – à l'origine de la biotechnologie et de la bio-industrie – a donné naissance à des milliers d'entreprises dans le monde. De nouveaux médicaments ou vaccins sont fabriqués suivant ces techniques révolutionnaires. D'immenses espoirs sont permis : à moyen terme, le traitement de certains types de cancers, la guérison du sida ou la lutte contre les grandes maladies dégénératives deviendront possibles. Une nouvelle branche de la biologie, que les spécialistes appellent « biologie de synthèse* », a même pour objectif de tenter de reprogrammer totalement le vivant (on en est encore loin).

Bien sûr, relever ces défis ne se fera pas sans risques… Cette partie consacrée aux biotechnologies, à la santé et à la médecine traitera des questions suivantes :

Quelles sont ces technologies révolutionnaires ? Comment le progrès scientifique permet-il d'inventer de nouveaux outils ?

Quelles sont les techniques de recherche de nouveaux médicaments ? Quels sont les nouveaux procédés utilisés ? Quels sont les différents processus permettant de créer les « cellules embryonnaires » (ces cellules capables de produire les autres cellules du corps) ?

Comment les nanobiotechnologies peuvent-elles conduire non seulement à de nouveaux produits, mais aussi à de nouveaux tests personnalisés permettant de dépister des maladies, des virus ou des bactéries ?

Quels sont les enjeux de la longévité ? Comment gérerons-nous les problèmes du vieillissement, la « révolution de la longévité », à la lumière des résultats récents de la biologie ? Un phénomène qui nous concerne tous, non seulement sur le plan personnel, mais également sur un plan économique et social.

Quel est l'avenir de l'industrie pharmaceutique enfin, en particulier des produits et services personnalisés ?

En conclusion, j'aborderai les risques biologiques et la nécessité de la bioéthique.

La révolution biologique n'est pas une génération spontanée

Cette révolution biologique ne s'est bien évidemment pas produite du jour au lendemain. C'est Louis Pasteur (1822-1895) qui l'a inaugurée, vers l'infiniment petit (avec une plongée dans le corps, les organes, les cellules pour déboucher sur les microbes) : les chercheurs ont d'abord essayé de comprendre la structure et le fonctionnement des organismes les plus simples. Ils ont ensuite eu recours à la physique et à la chimie pour étudier les cellules. Grâce à la biologie moléculaire, que l'on doit à Jacques Monod (1910-1976), François Jacob (né en 1920) et bien d'autres, les chercheurs ont commencé petit à petit à percer les mystères du fonctionnement du vivant, c'est-à-dire des molécules et, en particulier, des principales macromolécules : l'ADN et les protéines.

Dans les années 1970-1975, tout s'est accéléré avec la naissance du génie génétique. La modification des gènes a permis de fabriquer des produits différents (existant déjà ou non dans la nature), rendant aujourd'hui possibles des applications importantes dans des domaines divers. Dans les années 1970-1980, la découverte de la bactérie *Escherichia coli* (ou colibacille commun) a permis une convergence entre les travaux de Pasteur et ceux de Monod.

En vingt ans, les progrès scientifiques ont été si importants qu'ils ont débouché sur un véritable mariage des disciplines entre elles (génétique, génomique, chimie combinatoire, nanotechnologies, biopuces, électronique moléculaire, synthèses enzymatiques...), ainsi qu'à des échanges à l'échelle du monde. Ces mariages ont conduit à de grands projets internationaux dont le plus célèbre est le projet « Génome », c'est-à-dire le décryptage complet du génome humain. Le génome humain est notre patrimoine génétique, notre banque de gènes. Il contient toute l'information nécessaire pour fabriquer un individu et le faire fonctionner. Ce projet a conduit à l'essor des biotechnologies dans le domaine de la santé, de l'agriculture, de l'alimentation, de l'énergie, de la chimie et de l'environnement.

Les secrets du livre génétique

Comme chacun de nous a pu le suivre à travers les médias, les laboratoires du monde entier ont travaillé ensemble à l'échelle internationale pour identifier les trente mille gènes* de l'être humain, constitués de trois milliards de combinaisons des quatre lettres du code génétique. Je rappelle les quatre lettres du code génétique, ATGC : A pour adénine ; T pour thymine ; G pour guanine et C pour cytosine. Quatre lettres qui se combinent toujours en paires complémentaires (A-T et G-C) pour former la double hélice d'ADN* (pour acide désoxyribonucléique), macromolécule biologique proche de l'ARN* (acide ribonucléique) mais plus stable et constituée de deux chaînes complémentaires qui s'emboîtent tout en s'enroulant l'une autour de l'autre, formant une double hélice caractéristique qui transmettra son information à l'« ARN messager* » afin de produire une protéine spécifique.

Le projet Génome a marqué les esprits. Grâce à des moyens très importants dont la bio-informatique, on a pu lire, écrire et, d'une certaine façon, programmer la vie. Grâce au génie génétique et, plus récemment, à la biologie de synthèse, on a pu lire et écrire les codes du vivant avec des machines automatiques, fabriquer des gènes synthétiques et reprogrammer le vivant. Je reviendrai sur la biologie de synthèse à la fin de ce chapitre.

Outre le génome, le protéome (l'ensemble des protéines), le glycome* (l'ensemble des sucres) et le métabolome (le métabolisme* des cellules, les voies métaboliques) jouent également un rôle important dans la compréhension des mécanismes de base du vivant. Leur système de reconnaissance fonctionne un peu comme du Velcro, permettant aux cellules de se reconnaître entre elles. C'est le cas des groupes sanguins (A, O, B...), fondés sur des reconnaissances à partir de glycoprotéines* qui s'interconnectent les unes avec les autres. Génome, protéome, glycome et métabolome : quatre mots clés de la compréhension moderne de l'information biologique.

Cette percée des progrès scientifiques débouche sur une meilleure compréhension des acteurs, des outils et des machines moléculaires. Les deux grands acteurs de cette révolution sont d'abord l'ADN, qui contient, comme on l'a vu, tout le « livre génétique » dans l'assemblage de ses quatre lettres du code génétique, le tout étant renfermé dans cette double hélice ressemblant à une échelle torsadée et repliée sur elle-même. Ensuite, les protéines*, qui se répartissent en deux catégories : les protéines de construction (le collagène par exemple) et les enzymes* ou protéines d'action (les machines moléculaires, qui permettent par exemple de digérer, de découper, de recoller...).

L'ADN contient l'information, les plans moléculaires. Les protéines et les enzymes sont les exécutants. À partir des plans de l'ADN, elles vont construire soit les briques cellulaires de la maison, soit les machines-outils qui lui permettront de fonctionner.

La synthèse des protéines se fait à partir du noyau de la cellule. Des enzymes vont ouvrir la double hélice de l'ADN et recopier les gènes de l'ADN en un simple « brin », appelé « ARN messager ». Cet ARN messager contient donc une copie du code génétique. L'ARN sort du noyau par de petites ouvertures, puis se fixe sur ce qu'on appelle les ribosomes* (toute cette opération s'effectue à l'échelle nanoscopique bien sûr). Ces « têtes de lecture » vont lire le code génétique et, grâce à des adaptateurs appelés « ARN de transfert* », les acides aminés* qu'ils portent vont s'accrocher les uns aux autres, dans l'ordre exact du code génétique, pour donner une chaîne de protéine naissante.

Une protéine ressemble un peu à un train composé de wagons... Chaque wagon s'appelle un « acide aminé ». Il existe vingt acides aminés. En les organisant de manière différente, on peut obtenir des milliers de protéines distinctes. C'est le même principe qu'avec les quatre lettres du code génétique ATGC : en arrangeant les « lettres » du code dans un ordre différent, on peut obtenir des millions de « plans » servant à fabriquer des protéines de formes et de fonctions différentes. On pourrait voir au microscope électronique des ribosomes en train de lire l'ARN messager en fabriquant des petites chaînes de protéines qui dépassent du ribosome. Lorsque la protéine est presque terminée, elle ne va pas tarder à se détacher. On verrait aussi toute la rangée des ribosomes en train de lire les messages de l'ARN, ainsi que les petites chaînes de protéines en train de se former et de grandir.

Cette opération a d'abord été déduite par le calcul, grâce à la physique, à la chimie, au marquage radioactif... C'est ensuite seulement qu'on a pu voir le résultat au microscope ou le simuler en animation sur un ordinateur.

De nombreux outils (des enzymes, comme la PCR, ou *polymerase chain reaction*) permettent de découper, de coller les morceaux d'ADN, de les « photocopier » si j'ose dire, ou plutôt de les « biocopier ». Lorsqu'on prend les empreintes génétiques d'une personne suspectée de viol, par exemple, on amplifie grâce à ces enzymes la très faible quantité d'ADN prélevée. On utilise aussi des « sondes d'hybridation* ». L'hybridation signifie que l'ADN a une propriété importante quand il est en « monobrin », c'est-à-dire quand les lettres de son code génétique « dépassent » sans avoir trouvé la lettre complémentaire pour former une paire.

La sonde d'hybridation cherchera alors à trouver un brin complémentaire pour reformer la double hélice. Tel un morceau de Velcro, ce brin va s'attacher à un autre morceau d'ADN complémentaire. Ce « mariage » fonctionnera à la condition que le A reconnaisse un T et que le G reconnaisse un C... En effet, G et C se « marient » toujours ; A et T aussi. En d'autres termes, si le brin inconnu contient par exemple la séquence AATGCCA, la sonde ira rechercher la séquence complémentaire TTACGGT. Si les deux séquences se retrouvent, elles s'hybrident. Comme la sonde est marquée par un colorant fluorescent (de nature radioactive ou enzymatique), elle permettra de détecter et d'identifier la séquence inconnue. Cette hybridation est à la base des « biopuces » permettant de diagnostiquer des virus, des bactéries ou des gènes malformés.

Des anticorps à tête chercheuse

Les anticorps monoclonaux (ou issus d'un seul clone) sont un autre outil essentiel à la biologie moderne. Une molécule d'anticorps est une protéine faite d'acides aminés qui possède une capacité de reconnaissance très spécifique. Elle est composée de zones variables et de zones fixes. L'extrémité des zones variables va reconnaître des antigènes* (macromolécules spécifiques qui déclenchent une réponse immunitaire) et s'y fixer, un peu à la manière des pinces d'un crabe. C'est ainsi que les anticorps reconnaissent les antigènes des microbes et des virus qui nous rendent malades et s'y attaquent. Ils les « ligotent » en quelque sorte, ce qui permet aux macrophages de les phagocyter et de les détruire.

Ces anticorps sont donc des « têtes chercheuses » dirigées contre des protéines, des antigènes, auxquels ils s'accrochent. Leur action permet de signaler et de reconnaître les antigènes composant certaines structures cellulaires. On pourra ainsi identifier, séparer, trier des cellules en fonction des protéines qui les constituent. Ou encore diriger de manière spécifique des médicaments anti-cancéreux vers des tumeurs, reconnues grâce à leurs antigènes.

Voilà comment il est possible de synthétiser des protéines, de fabriquer une panoplie d'outils à découper, à coller, à chercher, à marquer ou à hybrider. Depuis deux ou trois ans, on sait fabriquer des petits morceaux d'ARN qui vont empêcher l'ADN de faire son travail. On parle d'« ARN interférent ». Par exemple, imaginez qu'un virus attaque votre organisme en s'intégrant à vos cellules et qu'il les force à fabriquer du virus. Un grand espoir de la biologie moderne est que l'ARN interférent (à ne pas confondre avec l'« interféron », une protéine utilisée dans certains traitements médicaux...) réussira à empêcher l'ARN d'être traduit au niveau des ribosomes. On peut désormais inhiber ces processus en différentes étapes. C'est une des révolutions de la biologie qui conduit les laboratoires à fabriquer des nouveaux médicaments.

De la molécule au médicament : la puissance de la génomique

Quelles sont les principales stratégies de recherche fondées sur ces principes pour mettre au point de nouveaux traitements ? Comment fabrique-t-on aujourd'hui les médicaments grâce aux biotechnologies ? À quoi vont servir les cellules embryonnaires sur lesquelles repose aujourd'hui le « clonage thérapeutique » ?

La révolution informatique a permis d'accumuler dans nos ordinateurs des banques de protéines et des banques de gènes désormais gratuitement accessibles sur Internet, aux chercheurs du monde entier. Par exemple, si l'on trouve un morceau d'ADN ou de protéine inconnu, il suffit d'analyser sa séquence et de la comparer sur le Net à des gènes ou à des protéines connus.

Grâce à cette information, on va fabriquer par synthèse chimique des petits morceaux de protéine ou des petits morceaux d'ADN. Des sondes d'hybridation vont permettre d'isoler de l'ARN et des gènes, de les cloner dans des cellules et d'en obtenir encore plus. Même approche pour les protéines : on va fabriquer des anticorps monoclonaux que l'on fixera ensuite sur des colonnes de filtration sur lesquelles on fait passer un mélange inconnu, contenant plusieurs types de protéines. Les anticorps monoclonaux fixés sur la colonne vont trier les protéines choisies en fonction de leurs antigènes, les séparer et les isoler. Ce qui permettra une production de masse.

Voilà une première stratégie permettant, grâce à l'ordinateur, à la chimie des protéines, à l'ARN et aux anticorps monoclonaux, de fabriquer une série de molécules différentes, pouvant représenter de nouveaux médicaments. C'est d'ailleurs la stratégie de base de nombreuses jeunes entreprises de biotechnologie. Depuis dix ans, beaucoup appliquent cette stratégie intégrée.

Aujourd'hui, les chercheurs disposent d'une batterie d'outils : la génomique, la recherche dans les bases de données, la recherche des protéines, l'automatisation de la cristallisation par rayons X, la bio-informatique avec la simulation* ou la conception rationnelle de médicaments. Par exemple, on construit une molécule sur ordinateur et on teste virtuellement comment cette molécule pourrait agir sur telle enzyme en la bloquant ou en l'activant. Si, à ce stade, cette simulation fonctionne, on demande au laboratoire d'essayer de synthétiser ou de fabriquer ce produit. Ces outils puissants contribuent à la révolution biologique, notamment en matière de conception de médicaments et de nouveaux tests de diagnostic.

Pour rechercher une molécule anticancéreuse par exemple, on commence par étudier des cellules dont on va séquencer les gènes. Au cours de cette opération, on va découvrir, dans certains chromosomes, des gènes soupçonnés de conduire à des protéines mal formées et, par conséquent, susceptibles de déclencher des processus cancéreux. Une fois ces gènes identifiés, on va utiliser les « biopuces* » permettant de marquer par fluorescence la quantité d'ARN messager correspondant à ces gènes, c'est-à-dire aux protéines qu'elles vont fabriquer.

Grâce à des microtechniques d'extraction, on va extraire et amplifier cet ARN. On pourra en fabriquer beaucoup par clonage et, ainsi, fabriquer les protéines correspondantes qu'on testera ensuite sur des cultures cellulaires. Ce qui fera apparaître des cellules cancéreuses ou, au contraire, permettra d'expérimenter des agents chimiques capables d'empêcher ces cellules de devenir cancéreuses en inhibant l'effet des protéines mal formées. Voilà comment, en identifiant et en isolant des gènes « malades » par exemple, on va pouvoir trouver quels sont les produits fabriqués par ces gènes et, ainsi, définir et synthétiser des molécules (donc des traitements) capables d'empêcher leurs effets néfastes.

Chimie combinatoire et clonage thérapeutique

La chimie permet de fabriquer des molécules par les voies traditionnelles. Ma thèse de chimie organique à l'Institut Pasteur portait sur la synthèse, au hasard, d'une série de molécules. J'en ai obtenu des centaines qu'on testait ensuite sur des animaux de laboratoire afin de savoir si l'une d'entre elles avait une chance d'être active.

Ces essais au hasard que pratiquaient les labos à cette époque portaient le nom de *screening*. Quand les grands laboratoires fabriquaient dix mille molécules, ils en retenaient dix, dont une peut-être deviendrait un jour un médicament. Ce travail demandait entre trois et huit ans de recherches.

Aujourd'hui, avec la « chimie combinatoire* », on conçoit des milliers de nouvelles molécules chaque semaine ! Grâce à cette technique révolutionnaire, qui permet de recombiner des morceaux de molécules entre eux, de les brasser puis de les recombiner à nouveau sur des supports « catalytiques » (avec des techniques que je ne décrirai pas ici), on parvient à générer des dizaines de milliers de molécules différentes en quelques semaines. Il suffit ensuite de les trier à l'aide de systèmes de détection extrêmement puissants (*high throughput systems* ou HTS) que possèdent désormais les grands laboratoires.

De nos jours, aucun laboratoire pharmaceutique n'aurait intérêt à utiliser la technique classique de synthèse « au hasard » pour générer et « cribler » une série de molécules. La chimie combinatoire (le HTS) et la comparaison avec la simulation sur ordinateur permettent de désigner des cibles puis d'identifier et de synthétiser les molécules susceptibles d'agir sur ces cibles. On gagne ainsi beaucoup en efficacité mais on perd aussi en créativité car on ne trouve alors que ce qu'on cherche.

Les cellules naturelles constituent un autre moyen de fabriquer des médicaments. Mais, pour cela, il faut pouvoir les cultiver *in vitro* ou les implanter dans le corps humain afin de les transformer en usines chimiques qui permettront à celui-ci de se soigner. Le concept de « clonage* thérapeutique » a été proposé à la fin des années 1990, mais les premières applications concrètes sont récentes. Avant 2003, on ne savait pas cultiver les cellules embryonnaires* en laboratoire.

Je rappelle en quelques lignes la définition des cellules embryonnaires. Quand une cellule est fécondée, l'ovule se divise en deux, puis en quatre, huit, seize, trente-deux, soixante-quatre, cent vingt-huit, deux cent cinquante-six. À ce stade (cent vingt-huit, deux cent cinquante-six et cinq cent douze), on obtient un embryon. Cet embryon n'est pas un fœtus, mais un amas organisé de cellules au centre desquelles se trouvent des cellules « pluripotentielles ». « Pluri », c'est-à-dire susceptibles de générer la totalité des cellules du corps.

Certaines cellules seront capables de fabriquer du muscle, d'autres les éléments du sang, d'autres encore des nerfs, des os, des cellules nerveuses... La grande difficulté est de réussir à les faire évoluer, à partir de cellules pluripotentielles, vers des cellules différenciées. On peut orienter le développement des cellules embryonnaires en ajoutant à leur milieu de culture des facteurs de croissance ou des vitamines et obtenir ainsi des cellules du muscle cardiaque ou des nerfs. L'« usine » biotechnologique de fabrication de cellules est née... Ces cellules seront susceptibles de remplacer des cellules du corps ou de produire des médicaments sur mesure.

Voici un exemple simple : l'infarctus du myocarde. Le cœur est défaillant car certains de ses vaisseaux sont bouchés ;

le sang et donc l'oxygène n'irriguent plus les cellules cardiaques. Ces cellules dégénèrent et meurent prématurément. Pour conserver le malade en vie, le muscle cardiaque doit être en partie régénéré. On pratique aujourd'hui des opérations lourdes, par exemple des greffes cardiaques. Dans un avenir proche, on a l'espoir de fabriquer des cellules embryonnaires que l'on substituera aux cellules malades. Ces cellules embryonnaires saines repousseront en fabriquant du muscle cardiaque tout en éliminant les risques de rejet puisqu'elles proviendront du receveur lui-même.

En août 2005, Kevin Eggan, de l'université d'Harvard, a publié une découverte qui a retenu l'attention du monde de la recherche sur les cellules embryonnaires[38]. Il a démontré qu'en utilisant des fibroblastes (ou cellules de la peau) d'une personne et en les faisant fusionner avec des cellules embryonnaires, ces cellules de peau « socialisées », différenciées, retournent à l'état embryonnaire. Elles retombent en enfance en quelque sorte... Ces cellules redeviennent pluripotentielles tout en intégrant les gènes du malade. Si l'on possède les gènes caractéristiques du patient et que l'on greffe les cellules embryonnaires sur ce dernier (sous forme de cellules cardiaques ou de cellules nerveuses par exemple), elles ne seront pas rejetées par son système immunitaire puisqu'elles proviennent de son propre organisme.

D'immenses opportunités s'ouvrent aux cellules souches, embryonnaires ou non (on découvre des réserves de cellules souches un peu partout dans le corps). Ces découvertes intéressent évidemment le monde de la médecine au niveau mondial.

[38] Kevin Eggan, « Nuclear Reprogramming of Somatic Cells after Fusion with Human Embryonic Stem Cells », *Science*, n° 5735, vol. 309, 26 août 2005, p. 1369-1373.

L'ingénierie tissulaire, ou des usines à organes à portée de main ?

Forts de la découverte de Kevin Eggan, les chercheurs veulent aller encore plus loin... À partir de ces cellules embryonnaires, ils veulent fabriquer des tissus entiers. En d'autres termes, ils veulent fabriquer des organes ! On parle d'« ingénierie tissulaire » (en anglais, *tissue engineering*). Il s'agit par exemple de générer un foie, un pancréas, des nerfs, de la peau, des vaisseaux sanguins, etc., à destination de malades souffrant de cancers incurables, de grands brûlés ou d'accidentés de la route dont la moelle épinière a par exemple été sectionnée.

Régénérer des organes signifie d'abord d'essayer de comprendre ce qui se passe chez des animaux capables de régénérer certaines parties de leur corps. Par exemple le lézard, dont la queue arrachée continue à frétiller pendant quelque temps et repousse au bout de quelques jours ; ou la salamandre, dont la patte coupée peut repousser entièrement. Ces processus passionnent les biologistes depuis des années. Si la nature peut le faire, se disent-ils, pourquoi nous, scientifiques, ne pourrions-nous pas la copier et faire repousser dans le corps un rein ou un pancréas, au lieu d'ouvrir le corps et de greffer des organes venant de l'extérieur ?

La recherche en ingénierie tissulaire, qui s'appuie sur des bioréacteurs permettant de régénérer des tissus, est une quête mondialement partagée. Et le Graal semble à portée de main...

Des expériences ont en effet déjà été réalisées sur des patients qui ont perdu leur nez suite à un accident. Les chirurgiens commencent par modeler, sur ordinateur, le nez « idéal » souhaité par le malade. Des matériaux biodégradables vont ensuite constituer une sorte d'échafaudage : on reconstruit la structure du nez sur laquelle on va faire pousser des cellules cartilagineuses. En poussant, ces cellules vont « manger » l'échafaudage qui va finir par disparaître. Il ne restera plus que du cartilage réel. Voilà comment les médecins envisagent de faire repousser des organes, des tissus, des vaisseaux, des cellules nerveuses ou des cartilages à l'intérieur du corps humain. Et, d'ici à 2020, cette technique révolutionnaire sera probablement d'un emploi courant.

Les architectes de l'infiniment petit

J'aimerais maintenant vous conduire vers l'infiniment petit... Avec ce qu'on appelle les « nanotechnologies » et les « nanobiotechnologies », vous allez découvrir un nouveau champ d'expérimentation, encore en friche, mais sur lequel les chercheurs fondent d'immenses espoirs. Comme pour toute découverte, le meilleur côtoie le pire et des dangers sont là aussi à craindre. C'est pourquoi il est important de faire évoluer en parallèle réflexion philosophique, réflexion éthique et réflexion scientifique. C'est d'ailleurs l'objet des réunions et comités de bioéthique* que la France a été l'une des premières à mettre en place.

Les nanotechnologies* mettent en scène deux nouveaux types d'acteurs : les bioarchitectes et les bio-ingénieurs. À l'image de notre société moderne édifiée par des architectes et des ingénieurs (les architectes ont bâti les maisons, les bâtiments, les ponts, les routes, les ports ou les gratte-ciel ; les ingénieurs ont construit les machines, les automobiles,

les usines, les locomotives ou les avions), une évolution analogue est en train de se produire dans l'infiniment petit…

Les « architectes de l'infiniment petit » et les « ingénieurs du moléculaire » en connaissent désormais suffisamment sur les molécules et les atomes pour pouvoir les assembler morceau par morceau, de la base vers le haut. En d'autres termes, ils savent créer des assemblages moléculaires (puisqu'ils en maîtrisent les propriétés) et fabriquer les structures les plus diverses qu'on puisse imaginer à partir des propriétés physiques et chimiques des atomes et des molécules (matériaux nouveaux, systèmes de communication, surfaces, réseaux…). Les nanotechnologies ont été développées dans le but de reconstruire la matière comme on le ferait avec un jeu de construction. Ces outils nouveaux, par exemple le microscope « à effet tunnel » ou bien le microscope « à force atomique », permettent de saisir, de modifier ou de déplacer les atomes.

Les chercheurs spécialisés dans les nanotechnologies ont créé des « machines à écrire atome par atome ». Cette invention montre la précision avec laquelle on est parvenu à modifier le vivant au niveau cellulaire. Je ne parle pas de grosses molécules comme l'ADN ou les protéines, mais bien des atomes ! Cette science conduit à des avancées significatives, mais inquiétantes, de nos connaissances sur la matière. On le verra avec les MEMS et les nanolaboratoires. Il y a pourtant une limite, car plus le nombre d'atomes est petit, plus ils sont exposés aux fluctuations quantiques, réduisant d'autant leur fiabilité.

Biologie du futur : l'avènement des nanobiotechnologies

La convergence entre informatique, biologie et nanotechnologies a débuté dans les années 1970-1980 et se poursuivra en 2020, 2040…

Pour donner un ordre d'idées, le micromonde s'étend de un millimètre (10^{-3} m) à un micron (10^{-6} m). Le nanomonde, lui, s'étend de un micron à un nanomètre (10^{-9} m). C'est donc extrêmement petit : de deux à cinq mille fois plus petit que le diamètre d'un cheveu !

Les nanotechnologies concernent de nouveaux produits (biopuces, pilules intelligentes, implants, nanorobots, biocapteurs...) et conduisent à ce que j'ai appelé la « biotique* », c'est-à-dire au mariage de la biologie et de l'informatique. Ou à l'exploitation intégrée des principes biologiques des lois physiques et des propriétés chimiques[39]. L'article que j'ai publié sur le sujet en mai 1981, dans *L'Expansion*, a fait date[40]. À la même époque, j'en écrivais d'autres sur plusieurs supports, notamment dans la revue de Polytechnique[41]. Il y a vingt-cinq ans, nous étions peu nombreux à penser qu'on parviendrait un jour à fabriquer des machines moléculaires. Le temps nous a donné raison... Aujourd'hui, les médias évoquent régulièrement les grands espoirs suscités par les nanotechnologies, la bioélectronique et la biotique.

Biopuces ou biochips

Par exemple, les biopuces* (en anglais *biochips*) se présentent sous la forme de petites plaquettes de plastique ou de verre sur lesquelles sont déposés des morceaux d'ADN, tous différents. Des sondes moléculaires peuvent se fixer sur ces fragments d'ADN en fonction de la séquence

[39] Joël de Rosnay, « Les biotransistors. La microélectronique du XXIe siècle », *La Recherche*, n° 124, vol. 12, juillet-août 1998, p. 870-872.
[40] Joël de Rosnay, « La biotique. Vers l'ordinateur biologique », *L'Expansion*, 21 mai 1981, p. 147.
[41] Joël de Rosnay, « L'essor de la biotique : biologie, informatique et automatique », *La Jaune et la Rouge*, n°385, mai 1983, p. 19-27.

qu'elles renferment. Des techniques fluorescentes permettent de détecter l'ADN recherché sur telle partie de la plaquette. Les laboratoires Roche utilisent une biopuce de la société Affymetrix (premier fabricant de biopuces au monde), appelée « Amplichip » et qui contient la totalité des trente mille gènes humains.

La totalité des gènes humains contenue sur ces plaquettes permet de tester si telle personne est prédisposée à un risque de maladie génétique ou à une réaction néfaste à tel médicament ou traitement par exemple. Avec les biopuces, la médecine personnalisée devient une réalité.

Le coût de cette nouvelle médecine personnalisée est encore très élevé. Il convient également de s'intéresser aux aspects scientifiques et éthiques de ces travaux, et en particulier à l'opportunité de tester chaque individu pour connaître ses prédispositions à tel type de maladie ou ses réactions à certains médicaments.

Par exemple, dans le cas du traitement de plusieurs malades atteints d'une même maladie, une fraction d'entre eux ne réagiront pas au traitement. Certains en mourront et, parmi ceux qui noteront un effet positif, quelques-uns iront beaucoup mieux. Mais la plupart ne connaîtront qu'une amélioration moyenne. En effet, chaque individu métabolise différemment les médicaments. C'est inscrit dans ses gènes.

Grâce aux biopuces, on peut maintenant dépister la capacité des gens à souffrir de telle maladie et à réagir à tel ou tel médicament. On pourra également suivre dans le temps l'évolution du succès d'un médicament en fonction du profil génétique de chaque patient, sans bien sûr perdre de vue que les gènes (l'inné) ne sont pas les seuls éléments en jeu : l'histoire de chacun (l'acquis) et son environnement sont aussi déterminants.

On peut également utiliser des biopuces pour tester la qualité de l'eau. On aimerait savoir, par exemple, si la piscine communale contient des bactéries dangereuses pour la baignade. Le laboratoire d'analyses va utiliser des biopuces comportant des fragments d'ADN appartenant à des bactéries pathogènes généralement présentes dans l'eau polluée (streptocoques fécaux, staphylocoques, colibacilles…). Ces fragments sont situés sur la plaquette en référence à une sorte de grille miniature permettant de les repérer.

On extrait ensuite l'ADN de toutes les bactéries contenues dans l'eau. À l'aide d'enzymes spéciales, on découpe cet ADN en morceaux. Tous les morceaux découpés sont alors marqués avec des molécules fluorescentes. Enfin, on verse cette décoction sur la biopuce et, grâce à la technique d'hybridation (rappelez-vous le système des Velcro…), le morceau d'ADN des streptocoques éventuellement contenus dans l'eau va s'accrocher au morceau d'ADN complémentaire de streptocoques placé sur la biopuce. La fluorescence permet de repérer à quel endroit sur la grille se trouve l'assemblage auquel on s'intéresse. Par exemple, les streptocoques vont être visualisés à un endroit spécifique. Plus il y en aura, plus la fluorescence sera importante. Cette opération ne prend que quelques minutes ! Mais quand la DDASS (Direction départementale des affaires sanitaires et sociales) réalise ses tests en laboratoire pour contrôler la qualité de l'eau de mer des stations balnéaires, il faut attendre plus d'une semaine pour connaître les résultats…

Grâce aux biopuces, on peut aussi détecter le cancer du sein, le virus du sida ou les prédispositions au cancer de la prostate. Ces techniques extrêmement importantes pour l'avenir vont être de plus en plus souvent utilisées.

Nanolabos

Des milliers de petites pastilles (de la taille d'une pièce d'un centime d'euro) abritent de petits canaux dans lesquels vont circuler des molécules. Ces nanolaboratoires peuvent être installés les uns à côté des autres. Grâce à eux, on va mettre en œuvre des séparations moléculaires dans des capillaires miniatures, au sein desquels circulent des nanovolumes de liquides à analyser ou à séparer. Ce procédé permet d'utiliser de très petits échantillons, avec des temps de séparation de l'ordre de quelques millisecondes. Par comparaison, les gros appareils automatiques en usage dans tous les laboratoires d'analyses médicales (pour doser le cholestérol, l'urée, le glucose...) exigent parfois plusieurs semaines de délais. Grâce aux nanolabos, on pourra réaliser jusqu'à cinq cent mille tests de molécules nouvelles par jour. Tester, en un temps record, des centaines de milliers de molécules nouvelles et prédire quels seront les agents les plus efficaces contre tel type de maladie : autant d'atouts majeurs pour la chimie combinatoire[42].

MEMS, NEMS et nanomédecine

Les nanotechnologies peuvent également servir à fabriquer des MEMS* (*microelectromechanical systems*). Il s'agit de véritables usines chimiques miniatures, dont la taille ne dépasse pas celle d'une puce de téléphone portable. Encore

[42] Voir également à ce sujet le paragraphe de la présente partie : Chimie combinatoire et clonage thérapeutique, p. 177.

plus petits, les NEMS (ou *nanoelectromechanical systems*) sont utilisés pour réaliser des tests de détection moléculaire. Ces tests sont d'une sensibilité extrême. On est là au cœur des nanotechnologies...

On entre aussi dans l'ère de la nanomédecine. On fabrique déjà des pilules « intelligentes* », destinées à être implantées sous la peau. Robert Langer, l'un des grands chercheurs du MIT, est un pionnier dans ce domaine. On peut, en effet, implanter sous la peau une petite pastille contenant des trous couverts par une membrane d'or. Cette membrane, très légère, s'ouvrira en fonction d'une information émise par le corps du patient, plus précisément depuis un capteur signalant par exemple qu'une erreur métabolique est survenue à tel endroit. Pour pallier ce dysfonctionnement, le réservoir va s'ouvrir automatiquement et libérer – à l'endroit et au moment voulus – les médicaments puissants contenus dans les petites cavités.

Autre application potentielle de la nanomédecine de 2020 : le traitement du diabète. Les diabétiques insulinodépendants doivent s'injecter régulièrement de l'insuline pour traiter le grave problème du métabolisme du glucose. La nanomédecine permet de cultiver des cellules du pancréas fabriquant de l'insuline (les cellules de Langerhans) et de les introduire à l'intérieur du corps du patient diabétique pour qu'elles fabriquent de l'insuline. Malheureusement, les anticorps, provenant des défenses immunitaires du malade, vont tenter de détruire ces cellules étrangères. Pour empêcher cette destruction et permettre aux cellules de continuer à fabriquer de l'insuline, les chercheurs ont eu l'idée de les entourer d'une membrane comportant des petits trous de taille sélective pour laisser passer les petites molécules de glucose et d'insuline tout en forçant les anticorps (trop gros) à rester à l'extérieur. Ainsi, les cellules de Langerhans continuent de fabriquer l'insuline qui passe à travers les trous, tandis que le glucose apporté par le sang circule librement. De tels implants, qui relèvent d'ores et déjà de la nanomédecine, éviteront à un diabétique ses injections d'insuline.

Biomatériaux et biomimétisme

Un pas de plus pour les chercheurs consiste à copier la nature dans ses détails. On a parlé des nanotechnologies ; on va revenir à un niveau microscopique pour essayer de copier la nature en fabriquant de nouveaux produits. On appelle ces produits des biomatériaux et le processus utilisé le biomimétisme. Par exemple, on copie les feuilles des arbres ou des plantes de manière à fabriquer, pour l'industrie pharmaceutique, des gélules ou des emballages laissant passer ou non l'oxygène. On copie des ailes de papillon ou les écailles des plumes de paon afin de produire des colorants nouveaux (pour les rouges à lèvres, les rimmels) qui ne sont pas des colorants synthétiques parfois dangereux, mais qui reflètent la lumière d'une manière différente.

On copie les structures des coquillages pour fabriquer des structures physiques. Par exemple, l'intérieur du terminal F de l'aéroport de Roissy est inspiré de structures biologiques. De la même manière, on copie les enveloppes de certains virus pour bâtir des géodes. La Géode de la Cité des sciences et de l'industrie reproduit des structures permettant aux virus d'être à la fois solides et légers.

Le biomimétisme va loin. Grâce à cette technique nouvelle copiant la nature, les chercheurs fabriquent des membranes proches des membranes naturelles pour faire passer à travers la peau un certain nombre de substances, par exemple des « liposomes » ou des crèmes cosmétiques spéciales.

Les chercheurs ont même fabriqué un bio-ordinateur à ADN : ils utilisent la molécule d'ADN pour faire du traitement de l'information, comme avec le silicium des ordinateurs. On n'en est qu'aux balbutiements mais ils ont aussi conçu des mémoires à base de protéine... La rhodopsine est en effet une protéine susceptible de connaître deux états différents, donc parfaitement capable de simuler le 0 ou le 1 des bits de l'informatique. Avec une mémoire protéique, toute la bibliothèque du Congrès des États-Unis et toute la Bibliothèque nationale de France tiendraient sur une tête d'épingle... La bioélectronique, la biotique et les nanotechnologies s'intéressent de très près à ces mémoires d'une densité colossale.

La révolution de la longévité : une espérance de vie de cent vingt ans !

Au cours des vingt ou trente prochaines années, nous allons connaître un des plus grands bouleversements de la biologie avec la compréhension des mécanismes du vieillissement. Grâce aux travaux sur le sida et sur le cancer à l'échelle du monde, on commence enfin à mieux comprendre pourquoi nous vieillissons.

Jusqu'à maintenant, nous avions en face de nous une sorte de puzzle. Désormais, ces pièces s'assemblent pour former des éléments simples et cohérents. Voici les cinq principaux facteurs qui conduisent inéluctablement nos cellules et, par conséquent, notre corps à vieillir :

1. Le corps « rouille »... Au fil des ans, le corps s'oxyde.
2. Dans nos cellules musculaires et nos neurones, des sortes de microchaudières produisent de l'énergie. Ce sont les « mitochondries ». Il en existe des centaines par cellule. Ces chaudières s'usent et finissent par se polluer elles-mêmes. Elles deviennent moins efficaces, dégénèrent et les cellules qui les abritent vieillissent.
La mitochondrie est une ancienne bactérie qui est venue vivre en symbiose* avec la cellule. Elle a donc amené son propre ADN. Elle contient ses propres gènes (une quinzaine, qui ne sont pas situés dans le noyau). Comme cet ADN ne se trouve pas dans le noyau, il est particulièrement fragile et peut s'abîmer très vite. En d'autres termes, plus la chaudière « turbine », plus elle fabrique de l'oxydation et, par conséquent, plus elle s'oxyde elle-même.
3. On a identifié, chez des centenaires, des gènes qui ralentissent le vieillissement. On a expérimenté et manipulé ces gènes chez des animaux et il apparaît que ceux-ci vivent beaucoup plus longtemps.
4. Le rôle de l'alimentation, notamment de la carence alimentaire, est également fondamental dans les processus de vieillissement.
5. Le rôle des télomères* enfin est essentiel (on pourrait les comparer aux mèches d'une bougie de l'ADN) : à chaque fois qu'une cellule se divise, un morceau d'ADN est coupé. Au bout d'un certain nombre de coupures, variable mais en général de quarante à cent, la cellule ne parvient plus à se diviser et meurt.

Selon les statistiques récentes de l'INSEE, l'espérance de vie croît en France d'un trimestre par an. En dix ans, elle est passée de soixante-dix-sept à quatre-vingts ans (hommes et femmes confondus). En 1995, quatre-vingt-deux pour cent des femmes atteignent l'âge de quatre-vingts ans. On vit donc de plus en plus vieux et on se dirige vers ce que les démographes appellent des « courbes carrées »... C'est-à-dire qu'on vit longtemps et plutôt en bonne santé, et on meurt « vite ». C'est une excellente nouvelle, mais qui risque de coûter très cher à la Sécurité sociale...

Vivre cent vingt ans est tout à fait possible. Certains chercheurs estiment d'ailleurs que notre « vraie » espérance de vie serait plus proche de cent vingt ans que de quatre-vingts... Selon eux, on meurt prématurément à cause de l'oxydation du corps, d'une mauvaise alimentation, d'un manque d'exercice physique, du stress, de la pollution et de tout ce que nous absorbons constamment (produits chimiques ou alimentaires) et qui nous mine progressivement. C'est un fait, le corps s'oxyde et la principale cible de cette oxydation est la mitochondrie.

La mitochondrie se nourrit de glucose, d'acides aminés* et de lipides. L'oxygène de l'air et les aliments provenant de la digestion arrivent par le sang. La mitochondrie les transforme en ATP (adénosine triphosphate), qui est, en quelque sorte, le carburant qui nous fait fonctionner. De nombreux chercheurs estiment que les dégâts liés aux sous-produits oxydants du métabolisme contribuent majoritairement au vieillissement. C'est en tout cas l'avis de Bruce Ames, professeur de biochimie et de biologie moléculaire à l'université de Berkeley en Californie.

Le corps aussi rouille...

Par un article publié en février 2002 dans l'une des revues scientifiques les plus célèbres du monde, *PNAS* (*Proceedings of National Academy of Science*[43]), Bruce Ames annonce que son équipe a réussi à rajeunir des rats en enrichissant leur alimentation en produits antioxydants. Ces rats, âgés de quatre ans, se sont comportés comme des rats de six mois, simplement grâce à deux produits naturels : un acide aminé, la L-carnitine, et l'acide alphalipoïque. À nouveau jeunes et pleins d'énergie, les sujets ont pu retrouver leur chemin dans des labyrinthes, récupérer leur mémoire et redevenir sexuellement agressifs...

Bruce Ames a eu l'idée de faire fabriquer des gélules à base de ces produits. Il a créé une entreprise qui distribue ces suppléments alimentaires aux États-Unis.

Cynthia Kenyon, autre grande chercheuse américaine, a de son côté prouvé que, en manipulant les gènes du vieillissement et en régulant le métabolisme énergétique, on pouvait faire vivre différentes espèces d'animaux deux à trois fois plus longtemps[44]. En mai 2004, Aleksandra Trifunovic, du Karolinska Institute en Suède, a démontré que si l'on abîme l'enzyme de réparation de l'ADN des mitochondries (c'est-à-dire si on fait en sorte que la « machine à écrire l'ADN » commette des « fautes de frappe »), la mitochondrie vieillit beaucoup plus vite et les cellules dans lesquelles elle se trouve également[45]. La scientifique a ainsi fabriqué des lignées de souris qui vieillissent trois à dix fois plus vite que des souris normales : elles ont de l'ostéoporose, perdent leurs poils, souffrent

[43] Bruce Ames, « Memory loss in old rats is associated with brain mitochondrial decay and RNA/DNA oxidation : Partial reversal by feeding acetyl-L-carnitine and/or R-α-lipoic acid », *Procedings of National Academy of Science*, vol. 99, issue 4, 19 février 2002, p. 2356-236.

[44] Cynthia Kenyon, « A C. elegans mutant that lives twice as long as wild type », *Nature*, vol. 366, 2 décembre 1993, p. 461-464.

[45] Aleksandra Trifunofic, « Premature ageing in mice expressing defective mitochondrial DNA polymerase », *Nature*, vol. 429, 27 mai 2004, p. 417-423.

de cataracte, se recroquevillent à cause des rhumatismes, tout simplement parce qu'on a modifié l'enzyme de réparation de l'ADN de leur mitochondrie.

En octobre 2004, Richard Lifton, de l'université de Yale, a démontré que trois maladies dégénératives du troisième âge, l'hypercholestérolémie, l'hypermagnésie et l'hypertension (surtout identifiées chez les personnes de plus de soixante-cinq ans), sont liées à une mutation de l'ARN de transfert* de la mitochondrie[46]. Cela signifie que la mutation d'une seule lettre du code génétique suffit à créer ces graves dysfonctionnements. Ce groupe de maladies qui touchent souvent plusieurs personnes d'une même famille a été étudié dans le monde entier. Ces recherches font craindre une discrimination « eugénique » qui conduirait certains à écarter de la vie sociale et professionnelle des sujets chez lesquels on aurait détecté des risques de maladies graves. Alors qu'on est encore loin de comprendre le fonctionnement génétique et que de nombreux porteurs de mutations ne développeront aucune maladie.

Les télomères ou les « mèches de la vie »

Leonard Hayflick et Paul Moorehead ont démontré en 1961 qu'une sorte d'horloge biologique conditionne la reproduction cellulaire[47]. On sait aujourd'hui que les cellules se reproduisent un nombre limité de fois. La raison, on l'a vu, en est que leur ADN dispose d'une sorte de

[46] Richard Lifton, « A Cluster of Metabolic Defects Caused by Mutation in a Mitochondrial tRNA », *Science*, online, 21 octobre 2004.
[47] Leonard Hayflick et Paul Moorehead, « The serial. cultivation of human diploid cell strains », *Exp. Cell Res.*, vol. 25, 1961, p. 585-621.

« mèche d'amorçage », un peu comme les films huit millimètres que nos parents inséraient dans les projecteurs : pour ne pas abîmer le film, ils glissaient d'abord une amorce en plastique blanc... L'ADN aussi possède son « morceau protecteur » ; mais quand la cellule se divise, la protection diminue. Une fois que toute la « mèche » de l'ADN a été consommée (à l'image d'une bougie qui s'éteint), c'est un gène vital qui est abîmé et la cellule meurt. Il existe toutefois des cellules immortelles, les cellules cancéreuses, mais aussi des cellules dont on a un besoin permanent : celles, par exemple, qui fabriquent la moelle épinière.

La cellule cancéreuse est immortelle car elle active une enzyme, la télomérase, découverte par Elizabeth Blackburn, prix Nobel de médecine 2004. Cette télomérase rajoute le morceau qui a été coupé à chaque fois que la cellule se divise. En rallongeant la mèche de la bougie, celle-ci ne s'éteint jamais et les cellules deviennent immortelles. C'est effectivement intéressant et l'on pourrait penser qu'une télomérase « apprivoisée » empêcherait les cellules de mourir. Mais les chercheurs ont été déçus car le processus de rallongement des télomères est plus complexe qu'ils ne l'avaient prévu.

La frugalité, secret de la longévité

En août 2004, David Sinclair, de la Harvard Medical School, prouve qu'un des gènes responsables du ralentissement du vieillissement, le gène SIRT, est activé quand on force un organisme à pratiquer la restriction calorique[48]. Par exemple, si l'on diminue de quarante pour

[48] David Sinclair, « Sirtuin activators mimic caloric restriction and delay ageing in metazoans », *Nature*, vol. 430, 5 août 2004, p. 686-689.

cent la ration calorique d'un chimpanzé, d'un chien, d'une souris, d'un rat ou d'une mouche drosophile, ceux-ci vivront de vingt à cinquante pour cent plus longtemps. Être frugal ferait-il vivre plus longtemps ? Mais vivre plus longtemps avec huit cents calories par jour n'a rien d'excitant... Je pense que le risque de mourir d'ennui prématurément n'est pas à négliger.

C'est pourquoi certains chercheurs se sont demandé s'il était possible de synthétiser ou d'isoler des molécules mimant la restriction calorique, en agissant sur le gène SIRT sans en subir les désagréments. La publication de Enzo Nisoli, de l'université de Milan, en octobre 2005[49], confirme les travaux de Sinclair et démontre que la restriction calorique stimule une enzyme du corps, « eNOS », qui fabrique de l'oxyde nitrique. L'oxyde nitrique (NO) est une molécule qui joue un rôle important dans le corps humain et contribue notamment à l'assouplissement des artères et à un meilleur fonctionnement cardio-vasculaire.

Vieillir jeune !

La plupart des gens mangent trop de sucre, de glucides, de pizzas, de pâtes, de pain... Ils brûlent surtout des sucres lents ou rapides. Dans ce cas, la mitochondrie n'est pas très efficace et consomme peu d'oxygène. En revanche, ils fabriquent de la « pollution » sous forme de radicaux libres qui « réattaquent » la mitochondrie. C'est un peu comme une cheminée dans laquelle on met constamment du bois. La flamme est moyenne et le bois se consume

[49] Enzo Nisoli, « Calorie Restriction Promotes Mitochondrial Biogenesis by Inducing the Expression of eNOS », *Science*, n° 5746, vol. 310, 14 octobre 2005, p. 214-217.

vite, ce qui ne conduit pas à un dégagement optimal de chaleur… En revanche, si l'on utilise un insert (une boîte métallique placée dans le foyer de la cheminée et dans laquelle on brûle les bûches), l'oxygène arrive par en dessous et produit une superbe flamme. L'insert chauffe beaucoup mieux qu'une cheminée ouverte.

On s'est aperçu que le gène SIRT agit comme un interrupteur et fait dévier la voie de combustion des sucres vers celle de combustion des graisses. Cette dernière combustion dégage beaucoup plus d'énergie et permet aux cellules d'accroître le nombre des mitochondries. Grâce au SIRT, la chaudière dégage moins de pollution et produit plus d'énergie, ce qui offre un surplus énergétique permettant de favoriser l'autoprotection antioxydante de la mitochondrie. Résultat : la mitochondrie et les cellules qui l'abritent vieillissent moins vite.

Parmi les molécules qui miment les effets de la restriction calorique et activent le gène SIRT, les chercheurs placent au premier plan le resvératrol, une phytohormone naturelle contenue, notamment, dans les tannins du vin rouge, plus particulièrement dans les vins de Bordeaux.

À condition de manger raisonnablement, il est établi que deux verres quotidiens de vin rouge contribuent non seulement à protéger son système cardio-vasculaire, mais aussi à mimer la « restriction calorique » et, ainsi, à activer le système mitochondrial permettant de fabriquer plus d'énergie et moins de pollution.

En résumé, pour vieillir moins vite, il faut être frugal, faire de l'exercice physique et intellectuel, manger varié (trois à cinq légumes et trois à cinq fruits différents par jour), boire de l'eau (au moins un litre et demi par jour), faire l'amour, s'intéresser aux gens, faire preuve de curiosité. Bref, ne pas se recroqueviller ou s'apitoyer sur soi-même et cesser de penser qu'on est vieux et que la vie est derrière soi… Plutôt que de chercher à « vivre plus vieux », il vaut mieux choisir de « vieillir jeune ».

L'industrie pharmaceutique et les traitements personnalisés ont donc de beaux jours devant eux.

Big Pharma est en crise

D'autres grands secteurs dont je n'ai pas parlé, bien qu'ils soient tout aussi concernés par la médecine de demain, sont l'informatique médicale et les réseaux, l'imagerie médicale (avec le scanner), les instruments biomédicaux, les biomatériaux (qui permettront, à terme, de remplacer certaines greffes et prothèses). Les technologies pour les handicapés, la sécurité et le suivi à domicile des personnes âgées avec des techniques de *monitoring* utilisant notamment Internet, sans oublier, évidemment, la grande industrie pharmaceutique (ou « Big Pharma »).

Cependant, la grande industrie pharmaceutique est en crise. Tout le monde a entendu parler du retrait du marché du médicament antirhumatismal, le Vioxx, soupçonné de provoquer des affections cardiaques, ou de l'antidépresseur Prozac, prescrit aux enfants ou aux adolescents alors qu'il peut entraîner des comportements suicidaires. Big Pharma s'interroge sur son avenir, en particulier au sujet des *blockbusters**, ces best-sellers du médicament qui génèrent plus d'un milliard de dollars de ventes et représentent un chiffre d'affaires global de cent milliards de dollars.

Big Pharma se pose des questions en termes financiers également. Il y a encore cinq ans, on investissait des sommes importantes pour développer de nouveaux produits. Cet investissement était amorti pendant la longue durée de vie des brevets. Aujourd'hui, avec les biotechnologies et les nanotechnologies, les recherches coûtent de plus en plus cher et s'étendent sur la durée. Ce qui conduit presque à la fin de la durée de vie des brevets. L'amortissement de l'énorme coût de recherche et de développement devra s'effectuer désormais sur une durée très brève. Pour engranger toujours plus de bénéfices, Big Pharma s'engage ainsi dans un marketing agressif qui, en définitive, déplaît aux consommateurs et aux organismes de remboursement des soins.

L'industrie pharmaceutique a donc décidé de s'orienter également vers « l'amont » et vers « l'aval ». L'amont correspond à la prévention. L'aval recouvre ce qu'on appelle les « médicaments de confort ».

L'industrie pharmaceutique s'apprête à assurer dans un proche avenir ce que l'on pourrait appeler des « programmes de maintenance de la vie » (LMP en anglais, pour *life maintenance programs*). Grâce aux connexions Internet à domicile et aux évolutions technologiques, l'objectif du LMP est de suivre les patients d'une manière personnalisée en s'appuyant sur une batterie de tests réalisés localement.

Différentes entreprises, associées à des compagnies d'assurances, étudient l'opportunité de services de programme de maintenance de la vie, à travers l'extension des biotests personnalisés réalisés à domicile et un suivi personnalisé sur Internet par des médecins proches des patients.

Les connexions à Internet seront fournies et des packages éducatifs permettront de se former à ces nouvelles applications. Les assureurs vont s'associer à ces entreprises pharmaceutiques pour passer avec leurs clients une sorte de « contrat de maintenance du bon fonctionnement de leur corps ».

Bien sûr, certaines personnes refuseront ce type de contrat de maintenance parce qu'elles ne souhaiteront pas contrôler leur poids ou leur taux de cholestérol. Mais la plupart seront sans doute demandeuses de ces services de médecine personnalisée et souscriront un contrat pour leur famille. On connaît en effet des familles « à risques », présentant une fréquence plus élevée de maladies cardio-vasculaires, voire de certains types de cancers.

Vers la biologie systémique et la biologie de synthèse

Pour clore ce chapitre, j'aimerais vous soumettre deux problèmes fondamentaux, que le grand public ne connaît pas encore : la « biologie systémique » et la « biologie de synthèse* ». Des termes nouveaux mais déjà lourds de sens.

La biologie systémique est née de la convergence de l'informatique, de la génomique et des nanotechnologies. Elle est rendue possible grâce, notamment, à la simulation sur ordinateur. Elle sert à étudier les interdépendances entre molécules, cellules, organes... Elle va plus loin que la biologie moléculaire (qui étudie une molécule isolée et son action à tel endroit).

La biologie systémique permet de mieux identifier les fonctionnalités des cellules et, par conséquent, de prévoir l'efficacité des médicaments. Cette nouvelle science se situe au point de rencontre entre des disciplines telles que la physique, la médecine bien sûr, les mathématiques, la chimie, l'ingénierie ou les sciences de l'information.

On peut dire que la biologie systémique commence dans les années 1940 avec la cybernétique*. Mais, dans les années 1950 à 1980, c'est la biologie moléculaire qui s'est imposée. On tentait alors de comprendre le fonctionnement du vivant en termes de molécules. Il faut attendre les années 2000 pour que la biologie « systémique » réapparaisse progressivement. Il s'agit désormais de comprendre la globalité des fonctionnalités du vivant et, grâce à la simulation sur ordinateur, les interdépendances des éléments entre eux.

La biologie de synthèse, de son côté, représente un secteur plein de promesses mais aussi lourd de menaces. Elle consiste à reprogrammer des organismes vivants (comme on le ferait d'un ordinateur) en utilisant des séquences d'ADN synthétique, qui donnent à une cellule vivante des instructions biologiques codées pour déclencher, amplifier ou stopper une réaction métabolique. On peut aujourd'hui télécharger gratuitement sur Internet ces « programmes » d'ADN appelés « DNA cassettes » ou « BioBricks ». Ces codes correspondent aux instructions habituelles des programmes informatiques, tels que *Start*, *Go to*, *Do loop*, *If then*, *Stop*, etc., sauf qu'ils déterminent cette fois la programmation et le fonctionnement d'êtres vivants. On est loin du génie génétique, qui consiste à modifier un seul gène à la fois pour fabriquer une protéine donnée. Ces BioBricks téléchargées sont capables de programmer les machines à synthétiser l'ADN, comme il en existe dans tous les grands laboratoires de biotechnologie. C'est ce programme, compatible avec la machinerie biologique et comportant des instructions précises n'existant pas dans la nature, qui sera injecté dans une cellule vivante et la reprogrammera, pour le meilleur ou pour le pire. Certains chercheurs tentent aussi d'introduire de nouvelles bases dans l'ADN (d'autres lettres que ATGC).

Des dizaines de laboratoires dans le monde travaillent déjà sur la biologie de synthèse. Les enjeux sont d'importance : création d'organismes vivants inconnus dans la nature ; possibilité de synthétiser des molécules complexes présentant des fonctions nouvelles. Bases nouvelles pour une biologie industrielle de synthèse, suivant un processus analogue à l'avènement de l'industrie chimique au cours de la première moitié du XXe siècle. Invention de nouveaux matériaux (biomatériaux pour l'ingénierie tissulaire, détection de menaces ou de risques chimiques et bactériologiques). Ou nouvelles voies métaboliques pour dépolluer l'environnement.

Et l'éthique dans tout ça ?

Compte tenu de ces nouveaux enjeux, plus encore que pour la biologie moléculaire, le génie génétique ou la génomique, une réflexion bioéthique* s'impose.

En 1975, à Asilomar en Californie, dans le cadre d'un moratoire, de grands chercheurs en biologie avaient attiré l'attention des responsables, sur la nécessité de réfléchir aux risques du génie génétique avant de s'engager dans ce secteur. Sans doute faudrait-il aujourd'hui un nouvel « Asilomar » proposant un moratoire sur les enjeux de la biologie moderne et ses projections pour 2020 : thérapie génique, clonage thérapeutique, greffe de cellules embryonnaires, génie tissulaire et, surtout, biologie de synthèse. Un nouveau moratoire sans doute différent du précédent, mais nécessaire pour créer un dialogue constructif et pas seulement tirer une sonnette d'alarme. Le terme *moratoire* n'est probablement pas adapté car il évoque la nécessité d'une prise de conscience alarmiste. C'est évidemment ce qu'il convient de faire sur le plan éthique, mais il est indispensable, en même temps, de montrer les débouchés positifs de la nouvelle biologie.

Il est encore trop tôt pour savoir à quoi va conduire la biologie de synthèse. Par exemple à faire fabriquer par des cellules vivantes des médicaments « prêts à l'emploi », comme le font déjà les cellules, de manière naturelle, en « encapsulant » des macromolécules. Il ne s'agira plus seulement de synthétiser une molécule qu'il faudra ensuite extraire, puis encapsuler, mais de produire des chaînes d'enzymes, comme dans une sorte de chaîne de montage moléculaire, pour biosynthétiser des produits, capables de se transformer les uns après les autres. Au lieu d'agir sur un seul gène pour fabriquer une protéine, on interviendra sur une constellation de gènes pour fabriquer plusieurs protéines en même temps, qui enroberont les « médicaments » ainsi produits. On pourra aussi, de cette manière, programmer dans le temps l'administration de ces différents produits, grâce à des « systèmes retard » qui agiront de manière plus efficace qu'un produit isolé.

Autre exemple : des laboratoires dans le monde travaillent sur une photosynthèse « synthétique ». La photosynthèse, on le sait, nécessite des surfaces agricoles importantes puisqu'il faut une très grande quantité de capteurs solaires diffus (les feuilles), dont le rendement n'est pas optimal, pour transformer un flux de photons solaires en aliments. Mais, grâce à la biologie de synthèse, ces laboratoires estiment qu'ils seront capables, vers 2020-2040, de fabriquer des « des feuilles artificielles ». Pour cela, ils se proposent d'intégrer dans un matériau en plastique « intelligent » les structures et les fonctions moléculaires requises pour capter les photons solaires. Puis d'utiliser cette énergie conjointement avec le gaz carbonique et l'eau, pour fabriquer des produits à base de carbone, comme la cellulose ou l'amidon… À partir de cette étape essentielle, on disposerait d'une sorte de « feuille artificielle », comportant des dérivés synthétiques de la chlorophylle, que l'on exposerait au soleil tout en l'arrosant. Dans la rigole placée sous la « feuille », on recueillerait de l'amidon. Mais, au lieu de nécessiter des centaines d'hectares pour produire des tonnes d'amidon, il suffirait de quelques centaines de mètres carrés, compte tenu du rendement des « feuilles artificielles ». Si l'on couplait de telles usines à photosynthèse avec des bactéries reprogrammées pour fabriquer de l'hydrogène (un projet poursuivi par le Pr. Craig Venter, de l'Institute for Biological Energy Alternatives), cette innovation ouvrirait d'étonnantes, mais bien inquiétantes, possibilités : les déserts pourraient devenir des zones de production massive d'hydrogène, ce qui bouleverserait nos industries fondées sur l'utilisation d'énergies fossiles.

Un moratoire sur la nouvelle biologie et la biologie de synthèse pourrait aborder des questions de ce type : des interdépendances et des transferts de gènes pourraient-il intervenir entre des bactéries vivantes d'aujourd'hui et des bactéries « de synthèse » intégrant des « DNA cassettes » modifiées ? Le bioterrorisme pourrait-il utiliser de telles techniques ? Si l'on avait à réglementer ou à créer un comité de surveillance international, quelle serait sa composition ? Les grands industriels sont-ils déjà sensibilisés à ces questions ? Le public est-il suffisamment informé ?

*

* *

Personne ne sait si ces organismes vivants reprogrammés s'adapteront à l'écosystème. Peut-être même risquent-ils de le déséquilibrer et de le mettre en péril ? Ces organismes de synthèse, qui n'ont pas encore affronté la sélection naturelle, vont peut-être échapper au contrôle de leurs géniteurs et créer de nouveaux virus, dangereux pour les plantes, les animaux ou les humains. Nous prenons le relais de l'évolution biologique sans disposer du temps géologique nécessaire pour en tester les conséquences.

Les applications de la biologie de synthèse étant illimitées, la plus grande vigilance s'impose pour prévenir les dérives résultant de la poursuite de seuls objectifs commerciaux, voire militaires ou politiques. Mais il faut reconnaître qu'il sera difficile d'éviter ces dérapages et accidents qui feront désormais partie intégrante de notre biofutur.

CINQUIÈME PARTIE

Environnements intelligents et interfaces homme/machine

Les objets vont devenir « intelligents ». Ils vont communiquer entre eux, créant des environnements interactifs dans des lieux divers : domiciles, bureaux, hôtels, entrepôts, magasins… Cette révolution technologique aura un impact déterminant sur de nombreux secteurs de notre vie quotidienne.

Notre communication actuelle avec les machines est biomécanique : une impulsion de la main sur un interrupteur, une poignée ou un volant. Plus récemment, la télécommande, le clavier sans fil, la souris ont étendu notre capacité de communication à distance avec téléviseurs ou ordinateurs. Mais, en 2020, les environnements intelligents vont apporter une nouvelle dimension aux logements et aux bureaux, en devenant « proactifs* » plutôt que seulement passifs. Un environnement passif, tel que l'avait prévu la domotique*, consiste surtout à demander aux personnes d'effectuer un certain nombre d'opérations pour que leur environnement réponde à leurs souhaits ou à leurs besoins. Au contraire, un environnement proactif va capter des paramètres biologiques. Dans les applications de biométrie, par reconnaissance du visage ou de l'iris, l'interface informatique identifiera une personne. La pièce pourra alors adapter l'éclairage, l'ambiance sonore ou la climatisation que cette personne souhaite.

Les environnements intelligents reposent aussi sur l'identification de chaque objet, l'interrogation à distance de cette identité et la connexion sans fil d'« étiquettes intelligentes » à Internet pour accéder à des bases de données. Aujourd'hui, cinq milliards de codes-barres sont scannés chaque jour dans cent quarante pays, mais cette suprématie touche sans doute à sa fin avec l'arrivée des RFID*, les *radio frequency identification systems* ou « étiquettes intelligentes ». Il s'agit de puces électroniques minuscules (de quelques millimètres carrés) jouant le rôle de transpondeurs* et pouvant être placées sur les objets les plus divers. L'acheteur d'une grande surface n'aura plus à faire la queue pour attendre que les produits de son caddie soient analysés un par un par un lecteur de codes-barres : toutes les étiquettes intelligentes seront lues en vrac, même à travers les paquets. Les visiteurs d'une exposition recevront quant à eux sur leur PDA des informations sur le tableau ou le stand devant lequel ils se trouvent.

Les technologies actuelles de production des RFID permettent de les obtenir à des prix très bas. Des entreprises de taille mondiale étudient les multiples applications des RFID. Leur objectif : améliorer la gestion des stocks et la distribution, favoriser le recyclage et fournir des informations aux clients grâce aux « objets communicants ». Mais déjà les associations de consommateurs s'élèvent contre les atteintes à la vie privée, menacée par la traçabilité* des objets achetés ainsi que par la perspective d'une communication de machine à machine qui se ferait à travers nous mais à notre insu. Il faudra demeurer vigilants sur les dérives possibles de cette technologie qui devrait nous envahir prochainement.

L'homme a toujours rêvé de transmettre sa pensée par télépathie ou d'acquérir de nouveaux sens permettant de « voir » l'invisible, de détecter des forces ou des impulsions qu'il ne sait pas encore percevoir. Avec l'avènement de la biotique*, ce rêve pourrait devenir réalité. La « biotique » est le résultat de la fusion de la biologie et de l'informatique : elle s'attache à la mise au point de nouveaux composants et de circuits électroniques moléculaires* (biopuces, biotransistors*), ainsi qu'au développement d'interfaces bioélectroniques entre l'homme, les ordinateurs et les réseaux.

Les frontières entre le biologique, le mécanique et l'électronique s'estompent. Des chercheurs se sont implanté une puce dans le bras pour communiquer avec leur environnement et être reconnus par des systèmes de sécurité. Des travaux effectués sur des rats ou des singes montrent que ces animaux peuvent communiquer directement avec des ordinateurs ou des bras robotiques, non par la « pensée » mais grâce à des séries d'électrodes placées en certains endroits du cerveau : les impulsions neuronales correspondant aux mouvements souhaités par l'animal sont décodées par un ordinateur et transformées en actions mécaniques. Les prothèses cérébrales entrent ainsi en symbiose avec un environnement fait de machines ou de robots. D'autres chercheurs travaillent sur des « neuropuces » directement connectables à des zones du cerveau comme l'hippocampe, offrant de nouveaux espoirs pour les personnes ayant subi de graves traumatismes crâniens, suite à des accidents.

Mais la prudence s'impose face à de tels développements scientifiques et techniques : un fossé éthique existe entre l'homme « réparé », l'homme « transformé » et l'homme « augmenté ». Les puces et les implants permettent théoriquement d'augmenter certaines fonctions cérébrales ou métaboliques d'une personne en bonne santé, à condition que celle-ci dispose des moyens financiers nécessaires pour s'offrir les dernières avancées en matière de prothèses neuronales, sensorielles ou métaboliques. Avec l'immense risque de la création de « sous-hommes » et de « surhommes ».

Ces recherches et applications sur les environnements intelligents et les interfaces homme/machine risquent de porter atteinte à l'intégrité des données personnelles. Une réflexion d'ordre éthique, fondée sur des valeurs partagées respectant les droits et les libertés de chacun, s'impose afin de limiter les usages malveillants et d'éviter toute dérive préjudiciable à l'avenir de l'humanité.

Du sac à puces… à la puce intelligente

Les environnements intelligents et les interfaces homme/machine constituent l'avenir de l'ordinateur à l'horizon 2020. Bien sûr, on connaît déjà le *desktop* (l'ordinateur qu'on pose sur un bureau), l'ordinateur mobile ou le téléphone mobile qui se transforment de plus en plus en ordinateurs portables.

Dans les années à venir, l'ordinateur va s'intégrer dans l'environnement. Un environnement qui va lui-même devenir un « ordinateur ». Aujourd'hui en effet, un ordinateur n'est rien d'autre qu'un « sac à puces », si je puis m'exprimer ainsi. Un PC, c'est en quelque sorte une boîte remplie de puces électroniques... Pour communiquer avec cette boîte à puces, on utilise le clavier, la souris, le *trackpad* (ou *touchpad*), la connexion Internet et l'écran vidéo que tout le monde connaît.

Imaginez un instant qu'on fasse éclater cette boîte. Imaginez un écran sans fil, une connexion sans fil, plus de clavier parfois. Les puces miniaturisées de la machine disparaissent, s'intègrent dans l'environnement. La machine reconnaît l'utilisateur grâce à des biocapteurs*. La maison, le bureau, l'automobile, les amphithéâtres se métamorphosent en ordinateurs géants... Ce que j'aimerais décrire dans cette partie, c'est l'ordinateur « explosé ». On dit aussi « pervasif* ». L'ordinateur est caché dans un environnement qui reconnaît les utilisateurs, les comprend et offre toute une série d'applications nouvelles.

Les enjeux industriels, économiques et culturels de cette métamorphose de l'ordinateur seront considérables, avec de nouvelles menaces sans doute. Mais ils représentent aussi les prémices d'une symbiose possible entre l'homme et la machine[50].

Dans cette partie, je décrirai d'abord l'évolution des interfaces homme/machine ; j'insisterai plus particulièrement sur le passage de la « biomécanique » à la bioélectronique. J'expliquerai ensuite pourquoi, sans l'intégration dans notre environnement des puces miniatures, fabriquées grâce, notamment, aux nanotechnologies, il ne pourrait exister d'environnements intelligents. Puis je décrirai l'Internet des objets (*the Internet of things*), source de grands débats au Sommet mondial sur la société de l'information qui s'est

[50] Cette évolution vers une symbiose entre l'homme et les ordinateurs, je l'ai pressentie et développée, dès 1995, dans *L'Homme symbiotique, op. cit.*

tenu à Tunis en novembre 2005[51]. Je présenterai les réseaux de capteurs, les « environnements cliquables » et les environnements pervasifs, toujours *on*, allumés en permanence. Enfin, je donnerai quelques exemples de domiciles, de bureaux, de magasins et d'hôpitaux de demain, dits « intelligents ». Je reviendrai sur un sujet important – et objet de mon livre *L'Homme symbiotique* – : la « biotique », ou le mariage de la biologie et de l'informatique, interface ultime entre le cerveau des hommes et les ordinateurs. J'évoquerai les risques, les dangers et les conditions éthiques de son développement.

De la biomécanique à la bioélectronique

La biomécanique représente, depuis des millénaires, le moyen pour l'homme de communiquer avec des machines qui lui permettent de démultiplier sa force physique et de déclencher les mécanismes les plus divers. Une poignée de porte biomécanique fonctionne grâce aux muscles qui la font tourner. À partir d'un seul interrupteur biomécanique, on allume une usine, un circuit, toute la Cité des sciences… Les hommes ont installé, dans leur environnement immédiat, des boutons de commande, des roues de timonier pour les bateaux, des pédales de freins, des volants d'automobile, des claviers de piano et, bien évidemment, des claviers d'ordinateur et des souris. Toutes ces interfaces sont « biomécaniques ». *Bio* désigne la main, les muscles, et *mécanique* traduit l'effort et le transfert vers des machines. C'est ainsi que l'humanité fait fonctionner et contrôle ses « esclaves mécaniques » depuis la nuit des temps...

[51] Voir également à ce sujet le paragraphe de la deuxième partie du présent ouvrage : L'Internet des objets, p. 86.

Progressivement, d'abord avec l'électronique, puis l'informatique et maintenant avec Internet, se créent de nouvelles formes de connexions en réseaux, non seulement entre les personnes grâce au Web, mais également entre les objets.

Les hommes sont parvenus à créer un « écosystème informationnel[52] », cet Internet que nous connaissons tous et dans lequel nous baignons. Il est important de retenir cette notion d'« écosystème informationnel » par l'intermédiaire duquel les objets peuvent communiquer. C'est sans doute cela qui constitue la base de la vraie révolution d'Internet pour les années à venir, en relation directe avec nos environnements immédiats.

Et si Orwell avait raison ?

Aujourd'hui, Internet est surtout connu comme un outil rapprochant les personnes. En 2007, les internautes, ou « pronétaires[53] », atteindront le milliard de personnes connectées. Mais, plus impressionnante encore est l'émergence d'un Internet des objets*, avec des centaines de milliards d'objets en ligne ! En nombre, les objets auront largement dépassé les humains…

Mais quels sont ces objets ? Il s'agit de capteurs, de digicodes de portes, de tableaux de bord de voitures, d'étiquettes intelligentes, de mouchards divers… Leurs adresses Internet – ou ONS* (*object name systems*) – ne sont gérées par personne. C'est l'anarchie la plus totale[54].

---

[52] Voir également à ce sujet la deuxième partie du présent ouvrage : L'Internet du futur, p. 69.
[53] *Ibid.*
[54] *Ibid.*

En d'autres termes, pour le moment, chacun peut faire ce qu'il veut en matière de gestion des objets communicants sur le Net. Cette espèce de *no man's land* risque donc de poser de graves problèmes éthiques : ce domaine du « dialogue » des objets entre eux est d'ores et déjà le terrain de prédilection des espions et l'expression des dangers d'une dérive potentielle. Le parallèle avec *1984* de George Orwell ne relève plus du fantasme...

Le réseau est *l'ordinateur...*

Il est intéressant de se pencher sur l'évolution des interfaces entre l'homme et les machines, pour bien comprendre comment ces interfaces ont fini par conduire à des environnements intelligents.

À l'origine, les ordinateurs étaient encombrants, coûteux et compliqués... Ils devaient être installés dans des salles réfrigérées pour fonctionner correctement. Les personnes autorisées à les utiliser et seules capables d'en maîtriser le fonctionnement portaient généralement une blouse blanche et s'appelaient des « informaticiens »...

Plus tard, l'homme a inventé le PC, ou *personal computer*, un ordinateur « personnel » beaucoup moins cher. Puis, on a développé Internet et les ordinateurs ont pu se connecter entre eux. Ces ordinateurs connectés en réseau ont fini par former un immense ordinateur. Il est opportun de noter ce slogan des employés de Sun Microsystem : *The network IS the computer.* Ainsi, le réseau est devenu l'ordinateur...

Aujourd'hui, on voit apparaître une orientation intéressante. Au lieu que l'ordinateur ou le réseau se situent au centre, c'est finalement l'homme qui s'y place et s'y maintient. C'est tout l'intérêt des environnements intelligents : l'homme est au centre d'un réseau qui lui permet de communiquer avec sa télévision, son automobile, son ordinateur personnel, ses téléphones fixe et mobile, les portes de sa maison, son réfrigérateur, etc. Les réseaux deviennent des microréseaux, des nanoréseaux, ou ce qu'on nomme un *personal Web*, c'est-à-dire un Web personnel qui permet d'interconnecter des objets portables qui, bientôt, vont devenir des objets « mettables ». Faire éclater le « sac à puces » et essaimer les puces dans la nature revient en effet à intégrer certains objets aux vêtements et à faire en sorte que le vêtement ainsi équipé devienne lui-même un ordinateur « mettable » et communicant.

Les Anglo-Saxons parlent d'*embeded computing*. Cela peut se traduire par l'« informatique encastrée », « cachée » dans les objets, les murs, les plafonds... Dans notre intérêt, ou pour notre malheur... Tout ceci évolue très vite. On peut dire qu'un environnement intelligent est un environnement interactif fait d'objets et de systèmes communicants connectés au cerveau humain par les sens et les muscles. Progressivement, le cerveau va nous permettre de communiquer directement avec des objets familiers.

Et ces environnements intelligents vont changer notre façon de travailler, de consommer du loisir, du tourisme réel ou virtuel. Ils poseront évidemment des problèmes de traçabilité, de vie privée ou de localisation des gens notamment. Je pourrais dépeindre le même tableau en négatif ou en « constructif ». Je n'ai pas dit « positif » parce que je pense que, en se montrant constructif, on a davantage de chances de construire son futur plutôt que de le subir.

Ces environnements intelligents seraient impossibles sans les nanotechnologies*[55]. Pour rappel, les nanotechnologies désignent un système d'outils, de méthodes et de procédés permettant de produire, de manipuler, de tester ou de mesurer des objets à l'échelle nanométrique, c'est-à-dire entre le micron (10^{-6} ou un millionième de mètre) et le nanomètre (10^{-9} ou un milliardième de mètre) : un quatre-vingts millième du diamètre d'un cheveu si vous préférez... Même si la plupart des nano-objets sont produits par des procédés purement chimiques, l'utilisation de nouveaux outils, les nanoassembleurs, devrait permettre de construire des objets « du bas vers le haut », un peu comme un jeu de construction moléculaire. À l'aide de cette méthode, on peut manipuler des atomes avec le microscope à effet tunnel* ou le microscope à force atomique* et fabriquer des MEMS* (*microelectromechanical systems*) et même des NEMS (*nanoelectromechanical systems*), des nanolabos qui pourront être intégrés ensuite à des environnements intelligents. C'est grâce à ce procédé révolutionnaire, en effet, que l'on va pouvoir insérer ces puces dans des objets qui répondront à un certain nombre d'ordres ou de comportements lorsque les humains se trouveront dans une pièce ou chercheront à communiquer avec elles.

L'exploration du nanomonde ouvre la voie à bien d'autres applications spectaculaires : écriture en atomes de xénon sur une couche de nickel, dessins réalisés avec des atomes, fabrication de petites sphères de carbone C60 pour transférer des médicaments à l'intérieur du corps, roulements à billes moléculaires, capteurs photovoltaïques* intégrés aux peintures, etc. On peut aussi utiliser des nanotubes de

[55] Voir également à ce sujet la deuxième partie du présent ouvrage : L'Internet du futur, p. 69.

carbone* pour stocker de l'hydrogène dans de petits réservoirs ou concevoir des batteries bien plus performantes[56]. On peut également se servir des nanotubes pour les futurs téléviseurs à écran plat ou des *quantum dots** (nanocristaux) qui généreront des couleurs différentes à l'aide de nanoparticules dont la taille variable réfléchira ou réfractera la lumière d'une manière particulière.

L'encre électronique

L'une des innovations parmi les plus intéressantes est l'encre électronique, la *nano ink* ou *e-ink* inventée par le Gutenberg des temps modernes, Joseph Jacobson, du MIT. Jacobson a mis au point des nanoparticules, des petites billes d'une centaine de nanomètres (cent vingt à cent cinquante) qui jouent le rôle de caractères d'imprimerie, ou plutôt de « pixels ». Ces nanoparticules sont dotées, comme la Terre, d'un pôle nord et d'un pôle sud. Disons que le pôle nord est noir et le pôle sud blanc. Ces nanoparticules sont projetées sur du papier plastifié (grâce à des imprimantes spéciales à jet d'encre). Ce papier est revêtu d'une grille de fils métalliques (invisibles à l'œil nu) et recouvert d'une feuille de plastique transparent. Si l'on fait passer un courant électrique (à partir de microprocesseurs placés dans la reliure des rames de papier) vers les fils et selon les coordonnées x et y de la grille, le champ magnétique créé à leur intersection va faire tourner la nanoparticule sur elle-même. Elle présentera sa face noire ou sa face blanche. C'est ainsi qu'on obtient des

[56] Voir également à ce sujet la troisième partie du présent ouvrage : Énergie et développement durable, p. 119.

pixels noirs ou blancs avec lesquels on peut composer des lettres, des lignes ou des graphiques.

Il est donc possible d'écrire sur du papier ressemblant à l'écran de nos portables. Sauf que, cette fois, il s'agit d'un écran souple ! Si l'on empile plusieurs couches de papier les unes sur les autres et qu'on les rassemble par une reliure contenant le système électronique capable de transmettre les informations permettant de modifier chaque pixel, on obtient l'équivalent d'un livre ! Mais un livre dont le contenu pourrait se modifier en permanence. On ne pourra plus dire : « Les paroles s'envolent mais les écrits restent. » Avec l'encre électronique, les écrits s'envoleront aussi ! On peut déjà créer des panneaux, des tissus ou des rideaux à l'encre électronique. Ces objets seront capables de se modifier en fonction des critères que vous aurez établis. En 2020, des dictionnaires, des atlas en couleurs, des livres de classe, des livres de recettes de cuisine, des manuels d'assemblage seront publiés et mis à jour régulièrement grâce à un simple abonnement sans fil à Internet. On disposera de journaux et de magazines en couleurs, imprimés avec de l'encre électronique et qui se mettront à jour en temps réel, au cours de la lecture et en fonction des événements ou des *flashes* d'information.

Sur le même principe, Jacobson a eu l'idée de projeter une encre semi-conductrice avec une imprimante à jet d'encre modifiée. La buse projette cette encre semi-conductrice, selon un dessin (un *pattern*) spécifique, sur un support en plastique ou sur du tissu. Il fabrique ainsi l'équivalent de microprocesseurs ou même de cartes mères d'ordinateurs. L'information numérique* contrôlant les imprimantes peut être téléchargée sur Internet. On aura donc, en 2020, l'équivalent d'un langage de type Linux* (logiciel collaboratif « ouvert ») pour le matériel. Chacun pourra « imprimer », assembler et modifier son ordinateur chez soi et faire bénéficier d'autres internautes de ses améliorations éventuelles.

Mariage de la micromécanique et de la microélectronique

Ces nanotechnologies conduisent à cacher dans l'environnement non seulement des systèmes à traiter l'information, comme on vient de le voir, mais aussi des moteurs moléculaires : rotors, stators, « navettes » moléculaires... Ces différents matériaux intelligents sont déjà utilisés à l'échelle macroscopique, donc humaine, pour fabriquer des snowboards par exemple, des skis de dernière génération ou encore des raquettes de tennis qui permettent – grâce à ce qu'on appelle l'« effet piézo-électrique » – de réduire les vibrations et d'exercer un effet « trampoline » pour renvoyer la balle avec plus de force. *Piezo* en grec signifie « pression ». *Piézo-électrique* veut donc dire que la pression se transforme en courant électrique ou qu'un courant électrique se transforme en pression. C'est une relation pression/courant-courant/pression.

De grands champions de tennis utilisent des raquettes aux bords en plastique très fins. Dans le plastique sont inclus des aimants. Lorsque la balle frappe la raquette, son énergie cinétique est transformée en une pression qui produit un courant électrique. Ce courant écarte les aimants et tend les cordes. Non seulement la force du bras est décuplée, mais l'impact de la balle et son rebond sont amplifiés. De plus, la raquette est très fine, par conséquent plus légère, permettant des effets de *lift*, plus difficiles avec une raquette à bords épais.

Avec les nanotechnologies et les microtechnologies, on fabrique aussi des MEMS. Ces objets sont le fruit du mariage de la micromécanique et de la microélectronique. On réalise par exemple des biocapteurs, des micro-usines, des puces cachées dans l'environnement... Il ne s'agit plus de simples puces informatiques, mais de véritables usines chimiques miniatures capables de détecter des fuites de produits dangereux dans une usine ou de gaz toxiques dans le cas d'attentats bioterroristes.

Ces MEMS devraient aussi connaître des applications militaires, avec leur intégration dans les uniformes des soldats du futur. La DARPA (la division de financement de l'armée américaine), mais aussi la France et plusieurs autres pays s'intéressent à ces tenues de combat capables de détecter des molécules de gaz dangereux ou de désinfecter et cicatriser des plaies.

Les NEMS peuvent quant à eux être intégrés à des peintures et revêtements et transformer une surface passive en une surface active ; le toit d'une maison pourra par exemple faire office de capteur solaire ou détecter certains types d'informations météorologiques.

La révolution des RFID

Ces nanotechnologies et ces nouvelles interfaces bioélectroniques mènent à ce que l'on appelle de plus en plus « l'Internet des objets ». Il constitue la base des environnements intelligents et des interfaces homme/machine. Pour que l'Internet des objets soit possible, trois éléments sont nécessaires :

1. Quel que soit l'endroit où ils se trouvent, ces objets doivent pouvoir communiquer entre eux sans fil, au moyen d'antennes par exemple. Ces capteurs en réseaux peuvent détecter des feux de forêt, suivre des populations d'oiseaux migrateurs, communiquer avec d'autres puces ou des MEMS, etc.

2. Certains de ces objets doivent savoir où ils se trouvent grâce aux satellites, au GPS, à l'IPS (*internal positionning system*, ou positionnement au sein des bâtiments[57]). De tels objets seront équipés d'antennes et de batteries pour pouvoir communiquer, mais ils seront aussi capables d'autonomie, grâce à l'énergie solaire entre autres.

3. Sans capacités de traitement et de communication (nano-ordinateurs), ces objets seraient inutiles. Les RFID* sont des puces électroniques qui peuvent être soit passives, soit actives. Il est possible, par exemple, de placer des RFID dans des livres de bibliothèque. Comme avec le code-barres, l'objet est décrit par un RFID (grand comme un confetti ou un grain de riz). Si le RFID est passif, il n'a pas d'alimentation électrique et ne peut répondre que si l'utilisateur s'approche de l'objet en question avec son PC, son PDA ou son téléphone portable... L'appareil envoie un champ magnétique, capté par l'antenne du RFID, lequel va répondre avec un message du type : « Je suis là », « J'ai tel code ou tel titre de livre », etc. En fait, l'antenne capte l'énergie du champ magnétique, la transmet à la puce et

[57] Voir également à ce sujet la deuxième partie du présent ouvrage : L'Internet du futur, p. 69.

interroge le registre. Le registre de la puce répond et renvoie, grâce à son antenne, une information à l'utilisateur. Le RFID passif ne s'identifie pas automatiquement ; il répond seulement si on l'interroge et qu'on lui fournit une source électrique extérieure (le champ électromagnétique).

Le RFID actif possède ses propres batteries (ou ses propres cellules solaires par exemple) quand il se trouve dans la nature, ainsi que des antennes pour communiquer et envoyer des messages en permanence ou seulement lorsqu'un événement se produit. Ces puces actives peuvent communiquer entre elles et avec les humains par vagues très brèves d'émissions d'informations, ce qui leur permet d'économiser leur énergie.

Les RFID vont jouer un rôle considérable dans les années à venir. On en trouvera partout (dans les jouets, l'électroménager, les livres, les vêtements…) dans les environnements intelligents (magasins, domiciles, bureaux…). Ces objets seront « tagués* », à l'aide de ces étiquettes intelligentes que sont les RFID.

Pods *et* smart dusts

Toutes petites particules disséminées un peu partout, les *pods** ou *smart dusts* (« poussières intelligentes ») seront capables de transférer de l'information. Le célèbre écrivain américain Michael Crichton en a livré une description futuriste et inquiétante dans son livre *La Proie*[58], faisant ressortir les dangers des nanotechnologies, dont certains sont imaginaires (la supposée *grey goo* qui recouvrirait le monde) et d'autres bien réels (risques sanitaires comparables

[58] Michael Crichton, *La Proie*, Robert Laffont, 2002.

à l'amiante pour certaines nanoparticules, surveillance, contrôle à notre insu, piratage, etc.). En tout cas, ces particules, qui pourront se connecter spontanément entre elles (*mesh network*), vont se répandre progressivement dans les environnements intelligents, permettant des applications très diverses.

Ainsi, grâce aux étiquettes intelligentes, on a découvert qu'une ruche d'abeilles représente en fait un organisme vivant intégré et non une collection d'abeilles individuelles. Une ruche d'abeilles haute d'un mètre sur cinquante centimètres de large est équivalente à un être vivant complet. Ses « cellules » sont les abeilles. Elles communiquent entre elles comme les neurones dans le système nerveux, ou par l'intermédiaire d'hormones comme dans notre système hormonal. On est parvenu à cette découverte après avoir « tagué » les abeilles avec des *smart dusts*, ces petites particules que les abeilles ont porté sur elles en poursuivant leurs activités normales. On a aussi placé ces puces sur les oiseaux migrateurs pour étudier comment fonctionne un écosystème aviaire...

Ces réseaux de capteurs intelligents, développés entre autres par l'armée ou pour les stations météorologiques, « prétraitent » l'information, alors que les capteurs traditionnels envoient une information à une station centrale, abritant une présence humaine. Par exemple : « Il fait trop chaud ici » ou « Attention : fuite de gaz »... Il appartient ensuite à l'ordinateur central de prévenir les humains par des messages du type : « Attention, clignotant rouge à tel endroit », un peu comme sur les tableaux de bord des centrales nucléaires. À Tchernobyl, les techniciens n'ont sans doute pas su quel bouton activer parmi les dizaines de voyants clignotants et la centrale a divergé, conduisant à la catastrophe que l'on a connue... De tels systèmes sont aujourd'hui dépassés par les réseaux de capteurs intelligents. Le prétraitement local de l'information leur permet de décider d'envoyer ou non l'information à d'autres capteurs *selon l'endroit où ils se trouvent*. L'information est ainsi traitée, en partie au moins, par une sorte d'« intelligence collective » des objets. Une démarche totalement différente des procédures classiques qui consistaient à envoyer des messages aux humains afin qu'ils décident *ensuite* de la marche à suivre.

C'est aussi le principe de fonctionnement de la rétine. La rétine est une partie avancée du cerveau, dont elle facilite le travail en analysant à l'avance les informations reçues : elle fait un prétraitement (*preprocessing*), puis envoie des informations cohérentes au cerveau par le nerf optique.

Le dialogue M2M

Un exemple d'environnement intelligent utilisant des capteurs interconnectés est souvent désigné par le terme générique de M2M* (en anglais *man to machine*, *machine to man* ou *machine to machine* ; « homme vers machine » ou « machine vers machine »).

Nokia, l'un des pionniers du M2M, a estimé qu'il y aura bientôt davantage d'objets connectés à Internet que d'humains (un milliard d'internautes pour 1,5 milliard de portables utilisés en 2007, et la tendance ne fait que s'accroître). C'est pourquoi l'entreprise a eu l'idée de faire payer des « forfaits » à des objets et de se lancer dans les téléphones pour objets !

Le téléphone pour objet peut être une petite puce connectée à l'interrupteur de la chaudière électrique d'une maison de vacances par exemple. Quand le propriétaire de la maison prévoit de partir en vacances ou en week-end, il utilise le système M2M pour allumer sa chaudière quelques jours avant son arrivée[59].

De nombreuses autres applications de dialogue M2M sont possibles : par exemple, grâce aux RFID contenus dans les objets, il y aura moins de raisons d'égarer ses clés, ses lunettes, son parapluie ou son auto dans un parking. Avec un simple téléphone portable ou un BlackBerry, il suffira d'envoyer le code de cet objet pour obtenir sa localisation par SMS. Il sera également possible de programmer l'éloignement, par exemple : si l'objet défini s'écarte de plus de six mètres, me « biper ».

Autre exemple de communication avec des objets : les NFC* (*near field communications*), ou communications sans fil à très courte distance (moins d'un mètre), développées par Philips, Ericsson, Sony ou Visa, sont capables aussi bien de lire des puces RFID grâce à l'énergie irradiant du téléphone que de transférer des données à courte distance à un autre appareil (PC, téléphone, borne de paiement, etc.).

Aujourd'hui, on ne peut pénétrer dans notre environnement virtuel que par l'intermédiaire de l'écran du PC, du PDA ou du téléphone. Cet environnement, c'est le « bureau » (ou *desk*), comprenant des icônes cliquables. D'ici à quelques années, ce type de procédure sera dépassé. Avec les environnements intelligents, au lieu de « rentrer » dans l'ordinateur pour lire un fichier contenu sur le bureau,

[59] Voir également à ce sujet le paragraphe de la deuxième partie du présent ouvrage : Capteurs intelligents, p. 89.

on utilisera son téléphone portable comme une télécommande, une souris ou un scanner. À cet égard, le spotcode* constitue une autre invention déterminante dans un paysage « intelligent ». Grâce à ce code-barres rond, il sera possible de télécharger sans fil les informations transmises par le code-barres d'un simple panneau de publicité collé aux murs d'un aéroport ou d'un abribus[60]. Mieux encore, notre téléphone, toujours lui, muni d'un récepteur GPS et d'une puce « boussole », permettra de recevoir des informations sur notre environnement immédiat. Par exemple, au cours de la visite des anciens quartiers d'une ville, il suffira de pointer son téléphone vers un monument pour obtenir en temps réel, sur l'écran, l'information touristique correspondante.

Le social networking

Le *social networking* ou la mise en contact des gens est également un exemple d'environnement intelligent. On a tous porté un badge un jour ou l'autre. Mais, grâce à une puce RFID et à une batterie miniature de longue durée, les nouveaux badges peuvent émettre de l'information dans un rayon de cent cinquante mètres, par exemple un code de sécurité autorisant l'ouverture d'accès réservés.

Dans certains congrès, il est alors possible de se faire repérer par des visiteurs qui auront déclaré les mêmes centres d'intérêts que vous (« biotechnologies » ou « Internet du futur » par exemple). Ces visiteurs vont recevoir un message sur leur PDA les informant qu'une autre personne située

[60] Voir également à ce sujet la deuxième partie du présent ouvrage : L'Internet du futur, p. 69.

dans telle zone du congrès s'intéresse aux mêmes sujets qu'eux. Un outil performant pour favoriser les rencontres.

Enfin, le SpotMe, un petit appareil suisse qui se porte à la ceinture, est reconnu par faisceau hertzien. Après avoir entré sa fiche personnelle et professionnelle, il est possible d'envoyer des messages aux personnes qui vous intéressent. Le SpotMe renferme une fonction intéressante baptisée « radar ». Il suffit de spécifier, en cliquant sur le nom d'une personne : « J'aimerais rencontrer Jean Martin. » Grâce à une liaison hertzienne, le SpotMe vous indiquera où se trouve la personne recherchée. Évidemment, tout cela n'est possible qu'avec le consentement des participants, un peu comme avec les messageries instantanées. On peut même voir, en temps réel, la personne se rapprocher de vous sur l'écran. C'est aussi une arme à double tranchant, en particulier pour la vie privée, les rapports de couple ou avec les enfants, ainsi que dans le cadre du travail. Comme chacun peut l'imaginer, mieux vaut ne pas oublier de couper l'appareil en appuyant sur la touche *Privacy* si l'on ne souhaite pas être localisé…

L'énergie intelligente

L'éclatement du « sac à puces » peut s'illustrer en quelques exemples. Dans le domaine du bâtiment et de l'informatique « répartie », le concept qui me semble le plus intéressant est celui de *programmable building concept*, de Neil Gershenfeld, un professeur et chercheur du laboratoire « For Bits and Atoms » du Media Lab au MIT, auteur de plusieurs livres sur le sujet[61].

[61] Neil Gershenfeld, *When Things Start to Think*, Henry Holt and Co, 1999.

En résumé, dans les bâtiments, à l'heure actuelle, les câbles électriques, l'électronique, Internet, la fibre optique, etc., passent par les murs ou les planchers. Si l'on souhaite changer la configuration des bureaux, il faut réorganiser les murs, les cloisons, les sols, pour faire circuler de nouveaux câbles. C'est compliqué et ça coûte cher. Le concept de Gershenfeld consiste à insérer des *pods* sans fil, équipés d'antennes, partout où cela est nécessaire. Ces pods vont communiquer entre eux pour contrôler l'éclairage, décider des économies d'énergie (c'est l'« énergie intelligente ») ou changer les communications entre les bureaux.

Par exemple, un simple claquement de doigts ou un certain geste signifiera qu'on veut transformer une cloison de son bureau en un mur-écran translucide prêt à recevoir des informations graphiques, des photos ou des vidéos en provenance d'autres bureaux ou d'autres personnes. Ainsi, les environnements intelligents ajoutent une modularité impossible à obtenir au moment de la construction du bâtiment.

Autre exemple d'environnement intelligent : des cloisons de verre ou de plastique spéciaux se métamorphosent en stores virtuels à cristaux liquides. En contrôlant le courant électrique qui les traverse, ces matériaux intelligents vont transformer un espace ouvert en espace privatif. Le bureau reste le même, mais lorsque vous appuyez sur un bouton ou selon l'ensoleillement, les cloisons de séparation s'éclaircissent ou s'assombrissent. C'est un procédé intéressant pour changer les couleurs des murs d'une maison ou changer de tableaux. Bill Gates a installé dans sa demeure des reproductions de grands peintres qu'il admire. Quand il appuie sur un bouton, il change l'harmonie des couleurs ! Personnellement, je ne suis pas favorable à une telle utilisation, mais elle montre les possibilités offertes par les cloisons numériques et leur souplesse d'adaptation. La régulation thermique et de la luminosité ambiante est bien plus intéressante.

Enfin, le magasin du futur, équipé d'étiquettes intelligentes, permettra au système de réapprovisionnement de réalimenter automatiquement les stocks. De même, en cas de modification d'un prix, il suffira au responsable du magasin d'appuyer sur un bouton pour changer les prix de toutes les étiquettes luminescentes en même temps.

Il existe aussi des cabines d'essayage interactives. Une cliente choisit plusieurs robes équipées de RFID. Ces robes, dégagées de leur support et sorties de leur cintre, vont automatiquement interroger l'ordinateur, grâce aux puces qu'elles contiennent, et signaler à la cliente que la prochaine promotion va lui offrir une remise sur telle ou telle robe. Si vous essayez des chaussures qui ne se marient pas avec la robe, un message vous conseillera une autre couleur ou un autre modèle…

À Rheinberg en Allemagne, le *Future Store*[62] intègre et met en œuvre la plupart de ces innovations. Ce magasin regroupe beaucoup des plus grands industriels de l'électronique. On peut également voir certaines des ces applications numériques à *L'Échangeur*, rue des Archives à Paris, lieu de démonstration des technologies avancées des Galeries Lafayette. Dans le *Future Store*, le client utilise un Caddie équipé d'un écran et d'une connexion sans fil, ainsi qu'une carte de fidélité. Lorsqu'il présente cette carte devant l'écran du Caddie, une relation s'établit entre le

[62] http://www.future-store.org

client et le magasin. Je ne porterai pas ici de jugement de valeur sur l'invasion de la vie privée ou l'incitation à l'hyperconsommation déjà si envahissante. On pourrait aussi s'interroger sur le besoin social de toutes ces inventions. Pour l'instant, je me concentre sur la technologie proprement dite, son caractère pratique.

On propose donc au client des produits en promotion. Le magasin « intelligent » va réagir à ses demandes, grâce aux systèmes de communication du Caddie. Par exemple, si un client se connecte à son réfrigérateur par Internet, depuis le magasin, et découvre qu'il lui manque des fruits ou du lait, il va entrer ce dont il a besoin sur l'écran du Caddie. La liste sera envoyée par Internet à la borne d'accueil du magasin ou transférée sur sa carte de fidélité. Le client pourra alors introduire cette carte sur l'écran du Caddie qui lui indiquera où trouver les produits recherchés.

Au fur et à mesure que le client se sert dans le magasin, il sait exactement combien il lui faudra débourser en caisse. Il pourra opter pour un paiement classique (tous les RFID de son Caddie sont analysés « en masse », c'est-à-dire en même temps) ou choisir de passer à une caisse spéciale qui lui permettra de sortir un à un ses produits et de les analyser lui-même. Il est à noter que la loi Informatique et Liberté oblige les fabricants à désactiver les RFID afin qu'ils ne tracent pas les consommateurs jusque chez eux.

Quelles que soient les innovations réalisées dans le secteur du commerce, on peut penser que les achats par Internet et leur livraison à domicile compléteront de plus en plus les achats en magasin.

Des outils « mettables »

Grâce à la biométrie, certains environnements intelligents de 2020 vont favoriser le transfert d'informations directement du corps humain vers les machines : outre l'iris, dont j'ai déjà parlé, et les empreintes digitales, on adoptera de plus en plus des outils « mettables ». L'ordinateur sera « cousu », en quelque sorte, dans des objets à porter sur soi. Ces outils « mettables » permettront aux entraîneurs sportifs comme aux médecins de suivre leurs patients à distance. Ceux-ci, revêtus d'un T-shirt ou d'une veste spéciale, pourront capter sur leur corps un certain nombre de paramètres essentiels à leur suivi médical[63]. Ces inventions vont transformer l'hôpital de 2020.

L'environnement intelligent de l'hôpital de demain permettra – et permet déjà dans certains cas – le suivi et la localisation du personnel hospitalier. Infirmières et chirurgiens porteront – après avoir donné leur accord ? – des puces servant à les localiser dans n'importe quel endroit de l'hôpital.

Ces techniques seront de plus en plus utilisées dans des environnements hospitaliers pour intégrer les résultats médicaux, améliorer la sécurité, la reconnaissance des personnes, la gestion et la posologie des médicaments. En 2020, flacons et boîtes de médicaments posséderont une étiquette électronique. Par exemple, on pourra recevoir un message d'avertissement si l'on utilise des médicaments incompatibles entre eux. Les médicaments pourraient ainsi interroger eux-mêmes, sur Internet et de manière confidentielle, votre ordonnance électronique sur la base

[63] Voir également à ce sujet la quatrième partie du présent ouvrage : Biotechnologies, santé et médecine, p. 161.

de données de votre médecin et vous alerter s'il existe un risque d'incompatibilité pour certains d'entre eux.

Biotique, ou l'interface ultime

J'en arrive à ce qui me paraît constituer un des aspects les plus passionnants, mais aussi les plus inquiétants des environnements intelligents : l'essor de la biotique*. Fruit du mariage de la biologie et de l'informatique, elle est ce que j'appelle l'« interface ultime », celle qui permet de communiquer directement du cerveau vers les machines. Évidemment, la biotique pose des problèmes nouveaux, notamment en termes de traçabilité des individus et d'atteinte potentielle à la vie privée.

Les applications de la biotique touchent tous les grands domaines du futur concernés par le mariage de la biologie et de l'informatique, l'émergence et l'essor des environnements intelligents : ainsi de l'informatique, des télécommunications, de la robotique, de l'avionique, des équipements militaires, de la chimie et des matériaux nouveaux, des bâtiments, de la sécurité, des biotechnologies, de la médecine, de l'industrie pharmaceutique, de l'agroalimentaire, produits grand public, équipements sportifs… Les sujets d'étude de la biotique sont les automates cellulaires*, la bioélectronique, la bio-informatique, les nanobiotechnologies, l'électronique moléculaire, les MEMS et les NEMS, les biopuces, les ordinateurs neuronaux et, surtout, la communication du cerveau avec les machines, qu'on appelle BAT* (*brain actuated technology*) ou BMI* (*brain machine interface* ; interface cerveau/machine), même si elle est encore balbutiante.

Les grandes étapes de la communication du cerveau vers les machines

La communication directe du cerveau vers des ordinateurs semblait encore relever de la science-fiction il y a à peine dix ans. Or, ces dernières années, des travaux remarquables ouvrent la voie à ce qui sera sans doute en 2020, pour certaines applications, une des formes courantes de communication avec les ordinateurs.

Voici quelques grandes étapes de cette étonnante évolution.

En 1963, le neurobiologiste José Delgado parvient à arrêter à distance, avec un simple transmetteur, un taureau dans le cerveau duquel il a implanté une puce assez primitive. Expérience restée sans suites dans l'immédiat.

En 1980, le chercheur grec Georgopoulos enregistre une activité électrique d'un neurone moteur isolé chez un singe (1980, Johns Hopkins).

En 1993, Chapin et Nicolelis enregistrent l'information venant de quarante-huit neurones dans le système moteur du rat en implantant des électrodes.

Un rat est dressé à appuyer « mentalement » sur un levier pour recevoir de l'eau (Chapin, 1999). Cette équipe a réussi à capter directement dans le cerveau du rat les informations motrices qui lui permettent de bouger sa patte pour actionner une pédale distribuant de la nourriture ou de l'eau. Le rat a vite compris qu'il lui suffisait de « penser » à bouger la patte pour libérer la nourriture.

En 1999, William Ditto fait « dialoguer » des neurones et des puces électroniques. Il envoie de l'information dans des neurones en culture. Ces neurones répondent aux impulsions et envoient des signaux à des puces électroniques qui décodent ces signaux puis les transmettent à des ordinateurs, ce qui a permis de les analyser.

La même année, Peter Fromherz réussit une connexion entre des neurones et des puces en silicium, tandis qu'une implantation de « neuropuces* » hybrides bioélectroniques est réalisée (Boris Rubinsky, Caltech).

En 2002, le singe Belle se révèle apte à contrôler par son cerveau un bras robotique placé au MIT à six cents kilomètres (Nicolelis).

L'année suivante, le macaque Aurora déplace un joystick et un curseur à la main puis en y « pensant », déployant l'activité de quatre-vingt-douze neurones (Chapin, Nicolelis).

En 2004, c'est un *feedback* tactile qui est établi entre la main d'Aurora et le robot (Nicolelis).

D'autres expériences permettent, toujours en 2004, à des personnes handicapées de contrôler leur environnement à partir de neuropuces implantées.

Des équipements médicaux sont ainsi implantés (défibrillateurs, Medtronics, Guidant).

Le projet SUAW voit le jour en 2005 et concerne des neuroprothèses, DARPA.

Enfin, en juillet 2006, au laboratoire de John Donoghue (Brown University), Matt Nagle, tétraplégique, devient le premier homme à utiliser une interface cerveau/ordinateur (*BrainGate*), retrouvant ainsi certains fonctionnalités de son corps.

L'expérience sur le singe Belle de Miguel Nicolelis, de la Duke University Medical Center, en Caroline du Nord, l'a rendu célèbre dans le monde entier[64]. Il utilise une

[64] Miguel Nicolelis et John Chapin, *Controlling Robots with the Mind*, Scientific American, 17 septembre 2002.

soixantaine de neurones du cerveau d'un singe entraîné à bouger son bras pour attraper des fruits devant lui. Il parvient à extraire de ces neurones le signal envoyé par la partie motrice du bras et de la main (le singe ne pouvant pas utiliser son bras, attaché par une sangle). L'information est traitée par un ordinateur, transmise à un boîtier connecté par Wi-Fi* à Internet, puis envoyée au MIT. Dans un laboratoire de robotique, un bras articulé, multidirectionnel, reçoit les informations provenant du cerveau du singe situé à six cents kilomètres de là. On place un écran de télévision couleur devant le singe et, devant le bras du MIT, on pose des bananes et des barres chocolatées. Le singe voit ces aliments sur son écran et tente de les attraper. Son bras ne peut pas bouger, mais le singe *pense* qu'il peut bouger son bras. L'information arrive *via* Internet au MIT. Le bras robotique saisit les bananes et le chocolat et les apporte devant l'objectif de la caméra (sans doute à la grande déception du singe, qui ne peut, on le comprend, les consommer !).

Évidemment, ce type d'expérience pose des questions philosophiques fondamentales, notamment à propos de la représentation du corps dans le cerveau. D'après l'homonculus*, un petit dessin représentant les parties du cerveau proportionnelles à l'usage qui est fait de nos muscles, de notre langue ou de nos mains, on a une grosse tête, une énorme langue, de petits bras et de petits pieds.

Mais quelle serait la représentation du corps si l'on pouvait actionner et contrôler à distance les mouvements des bras, des jambes ou de sens artificiels ? Quelle serait la représentation du corps s'il était téléporté, téléorganisé, téléamplifié ? Il s'agit là d'une vraie question philosophique même si on en est encore loin. Et elle n'est pas près d'être résolue. Qui suis-je si mon corps est implanté de puces électroniques, truffé d'organes artificiels et si je suis capable de contrôler à distance des bras robotiques, des machines, des engins aux fonctions diverses, voire des nanorobots œuvrant à l'intérieur de mon corps ? La représentation de ces fonctions dans mon cerveau me change-t-elle ? Comme l'ont fait, sans doute, la lecture, l'écriture, la conduite d'une automobile, le maniement d'un clavier ou d'une souris d'ordinateur ou l'usage d'un téléphone portable. Le corps « étendu », le corps « éclaté » est-il toujours un corps « biologique » ?

L'intérêt de ces environnements intelligents est aussi de permettre à des personnes lourdement handicapées de contrôler leur environnement avec leur cerveau, par des interfaces spécifiques. Le cas le plus connu est celui de Steven Hawkins, l'un des plus grands et des plus célèbres physiciens au monde, atteint de la maladie de Charcot. Hawkins communique avec le reste du monde grâce à des technologies très sophistiquées alors qu'il peut à peine parler. Son larynx est remplacé par un ordinateur qui communique à sa place avec le monde extérieur.

*L'*affective computing

L'une des prochaines étapes de l'évolution des environnements intelligents passera par l'avènement de ce qu'on appelle désormais l'*affective computing*. On pense que l'ordinateur va apprendre à ressentir les émotions des personnes avec lesquelles il est en contact. Par exemple, il sera capable de détecter si quelqu'un entre dans une pièce avec un comportement gestuel agité ou, au contraire, s'il semble plutôt détendu. Selon les cas, il lui proposera d'écouter de la musique ou de jouer avec son ordinateur. On va vivre une communication différente entre l'homme et les machines et ce bouleversement est pour demain. Ce n'est pas de la science-fiction.

Des centaines de laboratoires dans le monde travaillent sur ces projets. Ils tentent de faire fusionner le cerveau et les machines. Cela ne va pas sans poser des problèmes éthiques importants. L'homme va sans doute trop vite mais le fait de nous décharger des automatismes peut contribuer à revaloriser ce qui constitue notre humanité.

Bientôt l'avènement du surhomme ?

Un *plug-in* de mémoire est-il possible ? Beaucoup de monde y songe... Est-ce pour autant vers cela qu'il faut aller ? Voulons-nous vraiment disposer de cinquante térabits d'informations dans notre cerveau pour améliorer nos capacités de mémoire ? Préférons-nous rester naturels ? Externaliser plutôt notre mémoire ?

Personnellement, j'ai tendance à être opposé aux techniques invasives, mais mon point de vue n'est pas partagé par tous. De nombreux laboratoires font des recherches en *neuroengineering**. La société Brain Actuated Technologies travaille sur des jeux vidéo grand public actionnés par de petites pastilles collées sur les tempes. BioControl Systems vend des capteurs destinés à prendre le contrôle de votre ordinateur par des gestes, des clignements d'yeux ou des mouvements de paupières...

Le record a été battu par Thomas DeMarse, un chercheur de trente-neuf ans de l'Université de Floride, qui a réussi à cultiver dans une boîte connectée à un PC vingt-cinq mille neurones vivants prélevés sur le cerveau d'un rat[65]. Ce cerveau de rat est capable de contrôler l'« assiette » d'un avion dans le jeu *Flight Simulator* (ce système qui permet de piloter un avion virtuel avec un joystick). DeMarse a envoyé les informations sur l'assiette de l'avion à ces vingt-cinq mille neurones. Si l'avion dérive d'un côté ou de l'autre, un signal est automatiquement envoyé par le réseau neuronal biologique pour rectifier sa position. Les neurones ont « appris » à renvoyer, par le relais de l'ordinateur, des informations au logiciel *Flight Simulator*. Ce sont bien les neurones du rat qui contrôlent l'assiette de l'avion...

Quand on aboutit à ce genre d'expérimentation, on peut se demander dans quel but on le fait et s'il faut continuer. Mon rôle est de vous informer que des chercheurs sont en train de réussir ce type d'exploration et que leurs recherches peuvent redonner espoir à des personnes qui ont perdu l'usage de leurs membres.

Il m'appartient aussi de signaler les dérives possibles et les dangers qui guettent l'homme à force de vouloir aller trop loin. On peut « réparer » des êtres humains et même créer des « hommes transformés ». Mais la frontière avec l'« homme augmenté », nous devons refuser de la franchir, car cela reviendrait à créer différentes catégories d'êtres humains : les Alphas et les Gammas décrits par Aldous Huxley dans *Le Meilleur des mondes*, ou le « surhomme » de Nietzsche ou de Jean Rostand. Il n'est d'ailleurs pas sûr que l'on puisse aboutir à un véritable « surhomme »,

---

[65] *University of Florida News*, 21 octobre 2004 ; http://news.ufl.edu/2004/10/21/braindish/

les progrès d'un côté se payant le plus souvent d'une régression de l'autre. Ainsi, gagner en résistance, c'est perdre en sensibilité. Michel Serres a même montré que la base de l'évolution se réduit souvent à « qui perd gagne » : le pied qui perd la capacité de saisir permet la station debout. En somme, on risque d'aboutir à de simples types humains spécialisés. Aussi devons-nous réfléchir à ces technologies et nous informer sur leurs enjeux afin de pouvoir réagir avant que des dérives possibles ne mettent en cause l'évolution même de l'humanité.

Comment les environnements intelligents et les interfaces homme/machine peuvent-ils contribuer à prédire l'« homme du futur » ? De manière schématique, on peut considérer qu'il existe deux visions de cet homme de demain, l'une proche de la science-fiction, à laquelle je n'adhère pas, et l'autre qui participe davantage d'une démarche de « technologue humaniste », avec laquelle je me sens plus à l'aise. La première vision débouche presque toujours sur le « mutant* », le « cyborg* » ou l'« homme bionique* » : le mutant est un être vivant qui se modifie par des mutations biologiques ; le cyborg, un homme-robot ou un être humain dont la biologie s'est mécanisée et la mécanique « biologisée » ; et l'homme bionique, un être qui intègre des parties bioélectroniques remplaçant ou augmentant des fonctions déficientes. Mon approche se fonde plutôt sur une *coévolution** de l'homme et de la société, une évolution anthropo-technico-sociétale. En d'autres termes, la transformation de l'homme me paraît inséparable de son intégration dans la société qui, elle-même, le transforme en retour.

L'homme du futur sera « extériorisé » ou ne sera pas...

L'évolution vers l'homme du futur me semble donc se dessiner comme une progression par extériorisation de fonctions, sous la forme de « prothèses » qui s'interconnectent. Les premières prothèses inventées par l'humanité étaient de nature physique. Par exemple, pour aller plus vite ou tirer de lourdes charges, l'homme invente la roue. Sa mémoire, il l'extériorise par l'écriture et le livre. Ensuite, viennent l'aile de l'avion qui imite l'oiseau, l'appareil photo pour l'œil, l'ordinateur et Internet pour certaines extensions du cerveau. Depuis, les prothèses physiques se sont transformées en prothèses numériques qui se connectent entre elles dans des environnements intelligents, grâce à des interfaces homme/machine. L'être humain d'aujourd'hui – et plus encore celui de 2020 – se reliera, par ces outils, à un « macro-organisme planétaire », que j'ai appelé, dans *L'Homme symbiotique*, « cybionte* » : *cyb* de *cybernétique** et *bio* de *biologie*.

*
* *

L'homme du futur sera peut-être le résultat d'une complémentarité, et même d'une *symbiose**, entre un être vivant biologique et ce macro-organisme* hybride (électronique, mécanique, biologique) qui se développe à une vitesse accélérée sur la Terre et qui va déterminer, en partie, notre avenir…

CONCLUSION

Est-on plus heureux grâce à la technologie ?

L'emballement du progrès scientifique et technique à l'horizon 2020 exige de notre part une responsabilité accrue face aux menaces que font peser sur nos sociétés les moyens technologiques de manipulation de l'homme par l'homme.

Les frontières traditionnelles entre disciplines s'estompent. Les mariages pluridisciplinaires sont désormais la règle. Les enjeux stratégiques des convergences entre info, bio, nano et écotechnologies soulignent la nécessité et l'urgence d'actions à entreprendre dans les domaines de la formation, de la compétitivité industrielle et du renouvellement de nos méthodes de prospective. Nous continuons en effet à privilégier l'extrapolation linéaire à une prospective systémique tenant compte de l'interdépendance des facteurs et des convergences technologiques.

Mais il y a plus grave. Face à la complexité, notre approche reste analytique et fragmentaire. Face aux demandes de la formation, notre enseignement demeure axé sur les disciplines traditionnelles et sur la linéarité des programmes. Quant aux impacts de ces convergences technologiques sur les populations, nous avons des difficultés à communiquer sur la différence entre le risque individuellement choisi et les risques socialement imposés, ainsi que sur la mise en pratique du principe de précaution.

De nouveaux problèmes naissent, liés aux libertés individuelles. Nous sommes déjà menacés par la traçabilité de nos mobiles ou de nos achats sur Internet. En 2020, notre vie privée ne sera plus, sans doute, qu'un « compromis négociable », et les tests ADN, largement répandus, créeront de graves problèmes familiaux ainsi que des risques de discrimination à l'emploi ou pour la souscription d'une police d'assurances.

Mais il y a plus inquiétant. Grâce à la « biotique », le pouvoir des scientifiques et des technologues va encore s'accroître. En effet, il s'agira désormais d'hybridation de puces électroniques à l'intérieur même du corps humain et d'extension du corps humain vers des moyens de communication extérieurs. Nous assisterons en quelque sorte à une « machinisation » du biologique et à une « biologisation » des machines. L'interface entre les deux deviendra de plus en plus floue. L'homme devra alors se poser la question de son *identité*. Qui est l'« homme », s'il est fait de biopuces implantables, de tissus greffés provenant de l'ingénierie tissulaire ? Qui est-il, s'il peut être coextensif en permanence à d'autres corps par l'intermédiaire des réseaux ? L'homme de 2020 ou de 2050 continuera-t-il d'être mesuré à l'aune de l'humain ou à celle de la machine ?

Est-on plus heureux grâce à la technologie ? Je n'en suis pas certain. La technologie crée souvent un climat anxiogène, d'urgence, de nécessité de maîtrise des outils. Qui, aujourd'hui, ne se plaint pas de la quantité d'e-mails reçus, des sollicitations de son mobile, de l'excès d'informations télévisées, transmises par Internet, ou de l'œil de « Big

Brother » matérialisé par la surveillance biométrique ou l'ubiquité des caméras dans les lieux publics ? Le grand luxe, demain, sera peut-être d'être « débranché » pour éviter l'« infopollution ». Ou pour prendre simplement le temps de *penser*. Sans doute devrons nous préférer un excès de sagesse à un trop-plein d'informations !

Cette lancinante question du « bonheur » que procureraient les technologies doit être posée, me semble-t-il, dans le cadre d'une réflexion humaniste et citoyenne. Le bonheur est une construction et une conception personnelles. Le bonheur collectif repose, lui, en partie, sur la perception des risques et la capacité à gérer ceux liés à la vie. Or, nous vivons dans des sociétés de « mise en scène de la peur[66] ». Une mise en scène qui sert des intérêts politiques, médiatiques, juridiques ou industriels. Il est difficile de ne pas se laisser manipuler et de garder toute sa clairvoyance alors que le risque est quotidien : la peur du manque, de la rareté (entretenue par certains), du terrorisme, des catastrophes écologiques ou biologiques. Mais aussi la perception profonde des inégalités, de l'égoïsme des plus riches, des fossés économiques et numériques qui appellent constamment notre attention devant le malheur des défavorisés.

C'est pourquoi une des grandes questions que posent les développements technologiques à l'échéance de 2020 reste celle de l'*éducation*. Pour appréhender la légitimité ou non des risques, il nous faut les comprendre et les évaluer afin d'exercer notre responsabilité citoyenne. L'éducation moderne doit aborder la transmission des connaissances

[66] Leyla Dakhli, Christian Losson, Valérie Peugeot, Roger Sue et Georges Vigarello, *Gouverner par la peur*, Fayard, collection « Transversales », 2007.

par la synthèse et non seulement par l'analyse. Il s'agit là d'une vision multidisciplinaire et multifonctionnelle de la connaissance, une intégration des informations dans des savoirs, des savoirs dans des connaissances et des connaissances dans des cultures.

Il existe en effet une grande différence entre l'*information* et la *communication*. La première peut se faire en temps réel et à l'échelle mondiale. La seconde nécessite une intégration, une médiation humaine, une relation sociale, de la durée. Les TIC (technologies de l'information et de la communication) et Internet démultiplient les moyens d'information instantanés, mais favorisent-ils la communication humaine, donnent ils du *sens* au lien social ? C'est toute la question. La perte de sens peut conduire à un certain désenchantement vis-à-vis de la technologie envahissante, on le constate aujourd'hui. Un décalage amplifié par la rapidité du marché à s'emparer des nouvelles techniques et des nouveaux outils. Étant donné la fluidité créée par la société du numérique et par les possibilités qu'ouvre le monde virtuel, le marché propose des objets et des produits servant à satisfaire plus souvent des « désirs » que des nécessités. Ces offres correspondent-elles à des besoins fondamentaux de la société ou seulement à des désirs passagers nourris par les fantasmes que suscite la publicité ?

Face à ces incertitudes, nous avons besoin d'autres dimensions, notamment *éthiques*. Les grands secteurs scientifiques et techniques ne pourront s'épanouir sans satisfaire ces légitimes préoccupations. Ainsi, une « infoéthique » devra nous guider dans l'accès à l'information, la protection de la vie privée ou l'épanouissement de la personnalité. La « bioéthique » contribue déjà à dessiner les limites des pouvoirs que nous accordent la génomique et la transgenèse*. Tandis qu'une « écoéthique » pourra nous aider à devenir des « écocitoyens » soucieux de léguer à leurs enfants une Terre préservée.

Une telle perspective sous-entend que notre attitude face à la science et à la technique ne soit plus seulement de nature « optimiste » *ou* « pessimiste », mais *à la fois* pragmatique, constructive et responsable. En tant qu'objet et sujet de la révolution biologique, l'homme tient entre ses mains l'avenir de l'espèce humaine. Il se situe à la charnière d'un « nanomonde » qui le détermine en partie et d'un « macromonde » sur lequel il agit et qui, en retour, conditionne son existence. Sa vie dépend du moléculaire et du microscopique : protéines, gènes, cellules. Mais elle dépend aussi, collectivement, de son action sur la société humaine et sur l'écosystème, bases de son développement et de son avenir.

Une des meilleures façons de prédire 2020 – et d'en avoir *envie* –, c'est encore d'inventer solidairement cet avenir incertain, dans le respect des valeurs d'un nouvel humanisme technologique.

REMERCIEMENTS

Je tiens tout d'abord à remercier Jean-François Hébert, président de la Cité des sciences et de l'industrie, qui m'a donné l'occasion de prononcer les conférences qui ont constitué la base de ce livre ; Roland Schaer, directeur sciences et société, qui m'a proposé les thèmes choisis avec son équipe ; Chantal Hatchiguian, cheville ouvrière de l'organisation des conférences ; ainsi que toute l'équipe audiovisuelle qui les a mises en ligne sur Internet.

Ce livre n'aurait pas vu le jour sans l'insistance et les conseils de Véronique Anger, directrice des Éditions *Des Idées & des Hommes*, qui a cru, depuis le début, à l'intérêt de l'adaptation et de la mise à jour de mes conférences dans le cadre d'un livre. Son aide dans la mise en forme des textes et dans l'organisation du livre a été précieuse. Je lui suis particulièrement reconnaissant pour la pertinence de ses analyses et la justesse de ses objections, qui m'ont permis de préciser mes propos.

Un grand merci à Jean Zin, membre du GRIT (Groupe de recherche inter et transdisciplinaire), qui a relu et critiqué mon manuscrit en émettant des suggestions très pertinentes. Merci également pour son aide dans la réalisation de l'index, du glossaire et de la bibliographie. J'associe à ces remerciements toute l'équipe du GRIT-Transversales, et particulièrement Jacques Robin, Laurence Baranski, Philippe Aigrain, Valérie Peugeot, Roger Sue, Patrick Viveret, qui ont contribué à alimenter certains des thèmes traités dans le livre au cours de sessions de travail et de discussions du GRIT.

Francois de Closets a su trouver le temps et les mots pour rédiger une préface qui réalise un salutaire équilibre entre le progrès technologique et les contraintes sociales, économiques et éthiques. Merci, François, pour cette belle introduction à un avenir incertain mais que nous espérons tous solidaire et lumineux.

Henri Trubert m'a donné l'occasion d'exprimer mes idées sur l'Internet du futur et la société de l'information dans le cadre de mon livre *La Révolte du pronétariat, des mass média aux média des masses*. Je l'en remercie vivement.

Merci également à Carlo Revelli et à son équipe de Cybion et d'AgoraVox pour leurs suggestions sur le chapitre concernant Internet, ainsi que pour leur contribution dans la réalisation du blog du livre.

Enfin, un immense merci à Stella pour son écoute attentive, sa patience et son *very British sense of humour* pendant la préparation et la rédaction de ce livre, ainsi qu'à Elizabeth Roumanteau, Marie-France Pokorski, Marie Martzel, Marie-Pierre Hermann, Brigitte Pagès, Philippe Combaz... Ils savent tous ce que je leur dois.

ANNEXES

GLOSSAIRE

Nota bene : Certaines des définitions ici présentes sont extraites de l'encyclopédie Wikipédia :
http://fr.wikipedia.org/wiki/Licence_de_documentation_libre_GNU

A

Acide aminé : Élément constitutif des protéines*. Les protéines sont construites à partir de seulement vingt acides aminés différents parmi tous les acides aminés possibles.

ADN (acide désoxyribonucléique) : Cet acide nucléique est le dépositaire de l'information héréditaire chez les êtres vivants. La molécule d'ADN est constituée de deux chaînes qui s'enroulent l'une autour de l'autre pour adopter la structure d'une double hélice. Les deux chaînes combinent quatre bases : adénine, guanine, cytosine, thymine (désignées par leurs initiales AGCT), qui sont associées par des liaisons faibles entre bases complémentaires (A-T ou G-C).

ADSL : « Raccordement numérique* asymétrique » ou « liaison numérique à débit asymétrique », plus communément appelé « ligne d'abonné numérique à débit asymétrique ». ADSL est une technologie de communication haut débit permettant d'utiliser les lignes téléphoniques déjà existantes afin d'accéder à Internet et à d'autres services en utilisant des fréquences supérieures à celles de la voix.

La communication se fait par paquets, sans bloquer la ligne, pour une connexion établie en permanence.

Alicament : Combinaison d'*aliment* et de *médicament*. Il s'agit d'incorporer dans un aliment de consommation courante un nutriment destiné à soigner certaines maladies, ou à prévenir leur apparition.

Analogique : S'oppose à numérique*. Un enregistrement analogique sur une cassette ou un disque vinyle imprime la variation *continue* du signal original, alors que l'enregistrement numérique imprime le code sous une forme *discontinue* qui doit être décodée pour restituer le signal d'origine.

Analytique : Les approches analytiques, réductionnistes ou cartésiennes, s'opposent aux approches globales ou systémiques*. La démarche analytique part des éléments pour expliquer le tout alors que la conception systémique part des interactions globales et de son environnement pour rendre compte du comportement d'un système.

Antigène : Macromolécule naturelle (ou synthétique) reconnue par des anticorps ou des cellules du système immunitaire et capable d'engendrer une réponse immunitaire.

ARN : Proche parent de l'ADN* et agent principal de l'activité cellulaire. Les ARN interviennent dans le décodage de l'information génétique portée par l'ADN et dans sa traduction en protéines*. On distingue au moins trois catégories d'ARN dans les cellules : l'ARN messager* (ARNm), l'ARN de transfert* (ARNt) et l'ARN ribosomal* (ARNr).

ARN messager (ARNm) : Molécule d'ARN* élaborée à partir de l'ADN* lors de la transcription du gène*. Elle constitue en quelque sorte l'image en négatif de la séquence de l'ADN. L'ARN messager transmet le message fourni par l'ADN aux éléments de la cellule capables de le transformer en protéines*.

ARN ribosomal (ARNr) : Molécule d'ARN* entrant dans la constitution des ribosomes*, où se construisent les protéines*.

ARN de transfert (ARNt) : Petite molécule d'ARN* capable de lier un acide aminé* et de se fixer à l'ARN messager*. Il existe un ARNt spécifique pour chacun des vingt acides aminés qui entrent dans la composition d'une protéine*.

Autocatalyse : Réaction qui se renforce et s'amplifie d'elle-même, jusqu'à l'emballement parfois (effet boule de neige).

Automates cellulaires : Processus dynamique (programme) à base de cellules dont l'état dépend des cellules voisines. L'application d'une règle simple, toujours la même, aboutit à des organisations complexes et changeantes. Von Neumann a conçu le premier automate cellulaire (autoréplicatif). L'automate cellulaire le plus connu est « le jeu de la vie* », popularisé par John Conway. Stephen Wolfram a tenté d'en faire la base d'une nouvelle science du discontinu (*A New Kind of Science*, 2002).

Auto-organisation : Organisation spontanée de la matière ou des phénomènes sociaux, s'opposant à l'entropie* désorganisatrice. Il existe plusieurs sortes d'auto-organisation, purement physiques, comme les « structures dissipatives* » de Prigogine, ou « informées », dans les phénomènes biologiques ou de foule qui mettent en jeu mémoire, sélection et reproduction.

Autosélection : Sélection d'un système ou d'un élément par le jeu de réactions autonomes.

B

BAT (*brain actuated technology*) ou BMI (*brain machine interface*) : Interface cerveau/machine, commande d'un ordinateur par la pensée uniquement, sans l'intervention du reste du corps, soit par la localisation thermique des zones du cerveau activées, soit par électromagnétisme.

Biocapteur : Petit capteur porté sur la peau et comportant un élément de reconnaissance moléculaire (anticorps, enzyme*) qui se transforme en signal visuel ou électrique.

Bioéthique : Recherche de normes applicables à la recherche biologique et à tout ce qui concerne les manipulations techniques du vivant. Cette discipline, distincte de la morale individuelle, réfléchit aux enjeux vitaux mis en jeu par la biologie moderne et à la nécessité d'y appliquer le principe de précaution.

Biogaz : Gaz produit par la fermentation de matières organiques animales ou végétales en l'absence d'oxygène. Cette fermentation, appelée aussi méthanisation, se produit naturellement (dans les marais) ou spontanément (dans les décharges contenant des déchets organiques), mais on peut aussi la provoquer artificiellement pour récupérer le combustible. Le biogaz est un mélange composé essentiellement de méthane (typiquement cinquante à soixante-dix pour cent). C'est donc la forme renouvelable de l'énergie fossile très courante qu'est le gaz naturel.

Biologie de synthèse ou biologie synthétique : Cette discipline cherche à reprogrammer ou à reconstruire le vivant à partir de ses éléments. Si la construction intégrale d'une cellule artificielle n'est pas encore envisageable avant quelque temps, la biologie de synthèse s'attache pour l'heure à modifier par exemple le fonctionnement d'un gène*, voire les bases mêmes du code génétique, ou à utiliser la biologie pour exécuter un programme classique (*If*, *Go to*, etc.).

Biomasse : Ensemble des énergies provenant de la dégradation de la matière organique produite à partir de l'énergie solaire, soit sous forme de chaleur (bois), soit sous forme de biocarburant (huile ou alcool).

Bionique :

1. Être vivant qui intègre des parties bioélectroniques remplaçant ou augmentant des fonctions déficientes.

2. Étude des systèmes biologiques pour construire des équivalents non biologiques (électroniques et mécaniques).

Biopuce : Biocapteur* ou puce à ADN* par « sonde d'hybridation* », permettant de diagnostiquer des virus, des bactéries ou des gènes* malformés.

Biosphère : Ensemble de tout ce qui vit sur la planète avec ses interactions et ses interdépendances dans cet espace limité habité par des êtres vivants.

Biotechnologies : « *Application de la science et de la technologie aux organismes vivants à d'autres matériaux vivants ou non vivants, pour la production de savoir, biens et services* » (définition de l'OCDE) ; mais ce qu'on désigne sous ce terme est le plus souvent réduit au domaine du génie génétique.

Biotique : Nouvelle science résultant du mariage de la biologie et de l'informatique. S'applique principalement à la création d'interconnexions entre le cerveau humain et les ordinateurs.

Biotransistors : Dans ces transistors biologiques, des matériaux biologiques, comme l'ADN* dans les nanotransistors, ou des processus biologiques jouent le rôle de transistors conducteurs de courants électriques.

BitTorrent : Système de distribution de fichiers à travers un réseau informatique. Il s'agit à la fois d'un logiciel et d'un principe d'organisation reposant sur les principes suivants : sur un serveur informatique unique, plus une information est demandée, moins elle est accessible (saturation du serveur). Cette tendance s'inverse si l'on permet à chaque client informatique ayant téléchargé l'information de devenir lui-même serveur à son tour. On parle de « site miroir ». C'est un effet boule de neige ou de réaction en chaîne. Plus il y a de téléchargements, plus la vitesse des téléchargements suivants est élevée.

Blockbuster : Ce mot anglais (littéralement : « qui fait exploser le quartier » ; en français : « qui casse la baraque »), issu du jargon théâtral américain, qualifiait à l'origine une pièce remportant un grand succès. Dans le domaine pharmaceutique, cet adjectif désigne un médicament générant un chiffre d'affaires de plus d'un milliard de dollars US par an, et témoigne de la dépendance toujours plus forte des grands laboratoires vis-à-vis de ces marchés de masse mondialisés.

Blog, blogueur : Un Weblog (issu d'une contraction des mots anglais *Web* et *log*) est un site Web sur lequel une ou plusieurs personnes s'expriment en toute liberté (comme elles le veulent et quand elles le veulent), sous leur véritable nom ou sous pseudonyme. *Weblog* est généralement raccourci en *blog* et parfois francisé en « blogue ». Un blog peut être un journal intime, anonyme ou non, le carnet de bord d'un photographe ou encore un site fréquemment mis à jour qui rassemble des anecdotes croustillantes sur tous types de sujets. Ce qui caractérise la plupart des blogs, c'est la possibilité de laisser des commentaires et donc d'initier un dialogue avec les internautes. On trouve ainsi de plus en plus de blogs d'hommes politiques.

Bluetooth : Système de communication par ondes courtes et à portée réduite (de dix à cent mètres) entre appareils numériques*, qui permet de ce fait une connexion sans fil entre un ordinateur et une imprimante ou un téléphone mobile, voire entre le téléphone et l'oreillette. Un téléphone dont la liaison Bluetooth est active peut être facilement infecté par des virus d'autres téléphones...

BMI : Voir BAT*.

Buzz : Technique marketing consistant, comme son nom l'indique, à « faire du bruit » autour d'un nouveau produit ou service. Le buzz n'utilise pas un média spécifique mais occupe tous les canaux de communication afin de parvenir à ses fins : faire parler du produit ou du service en question. Cette espèce de publicité sauvage, qui s'inscrit dans une stratégie de diffusion pour budgets modestes utilisant des modes de diffusion généralement novateurs, se sert du consommateur comme vecteur du message. Le schéma de diffusion est le bouche-à-oreille (voire la rumeur). On parle aussi de « marketing viral ».

C

Cellules embryonnaires : Quand une cellule est fécondée, l'ovule se divise en deux, puis en quatre, huit, etc. À ce stade, l'embryon n'est pas un fœtus, mais un amas organisé de cellules au centre desquelles se trouvent des cellules « pluripotentes », c'est-à-dire susceptibles de générer la totalité des cellules du corps. Ces « cellules souches » peuvent être utilisées pour réparer les fonctions déficientes (neurones, cœur, etc.).

Chaos : La théorie du chaos s'intéresse aux systèmes dynamiques imprévisibles, bien que totalement déterministes, car sensibles aux conditions initiales à cause principalement de phénomènes de récurrence. Ils sont susceptibles de grandes divergences de comportement à partir de fluctuations aussi insignifiantes qu'un battement d'aile de papillon (effet papillon) tout en créant un certain ordre à partir du désordre, comme des tourbillons ou des ouragans.

Chimie combinatoire : Nouveau domaine de la chimie permettant de fabriquer simultanément et en parallèle des milliards de molécules nouvelles.

Clonage : Constitution de populations de cellules comportant le même ADN* (ou le même fragment d'ADN) pour obtenir des êtres génétiquement identiques mais, le plus souvent, pour multiplier un gène* spécifique et la production de protéine* associée.

Coévolution : Évolution conjointe de systèmes biologiques, techniques ou sociaux associés entre eux et s'influençant mutuellement (proies et prédateurs, parasites, symbiose*, etc.).

Complexité : Il existe différentes formes de complexité. La complexité mathématique exprime la quantité d'informations par sa capacité de compression (d'une image par exemple) et mesure donc son caractère aléatoire et inorganisé. La complexité physique est liée au caractère chaotique et imprévisible d'interactions réciproques, sensibles aux conditions initiales, alors que la complexité biologique et humaine naît de l'organisation, de la différenciation, de la multiplication des interactions et des régulations par échanges d'informations et boucles de rétroaction*. Le chaos produit des phénomènes complexes à partir d'éléments simples alors qu'un organisme produit des comportements simples à partir d'éléments complexes. Les systèmes complexes* échappent au réductionnisme et ne sont pas accessibles au calcul analytique car leur comportement est en grande partie indépendant des propriétés de leurs constituants ; on peut en revanche les modéliser assez efficacement. Plus il y a de complexité, plus les mécanismes en jeu doivent être non locaux (liés à l'environnement et aux interactions de niveau supérieur).

Creative Commons : Les licences Creative Commons (CC) sont des évolutions de la licence GNU des logiciels libres* (ou *copyleft*) régissant les conditions de réutilisation et de distribution des œuvres en opposition au *copyright*. Leur but est de fournir un outil juridique qui garantit à la fois la protection des droits d'auteur contre une appropriation frauduleuse et la libre circulation du contenu. On peut ainsi autoriser ou non la modification d'une œuvre originale, sa commercialisation, etc.

Cyberespace : Espace-temps électronique créé par les réseaux de communication et les interconnexions entre ordinateurs multimédias*. On parle aussi de « cybermonde » ou de « monde virtuel ».

Cybernétique : Science de la régulation des organismes et des machines ou science des systèmes finalisés, c'est-à-dire organisés en fonction d'un résultat. Ce terme d'origine grecque signifie « pilotage, gouvernance ». C'est l'art de rendre l'action efficace (Louis Couffignal) dans un environnement complexe. La cybernétique est fondée sur la boucle de rétroaction* et la correction d'erreurs. Au lieu de se fier à une programmation aveugle (qui part de la cause), elle permet de se régler sur une finalité voulue et de gérer l'écart avec le résultat mesuré (partir de l'effet). Le thermostat en représente le modèle le plus simple.

Cybionte : Macro-organisme* planétaire actuellement en construction. Superorganisme hybride, biologique, mécanique et électronique, incluant les hommes, les machines, les réseaux, les sociétés.

Cyborg : Homme-robot ou être humain dont la biologie s'est mécanisée et la mécanique « biologisée ».

D

Démon de Maxwell : Le grand physicien James Maxwell (1831-1879) a imaginé un démon microscopique capable de trier les molécules de gaz en fonction de leur vitesse avec pour résultat de permettre qu'un gaz chaud se réchauffe et qu'un gaz froid se refroidisse au lieu d'égaliser leurs températures (de se mélanger). Le « démon de Maxwell » illustre la possibilité de contredire le principe de Carnot d'accroissement de l'entropie* (d'égalisation des températures ou des différences), qui constitue pourtant le second principe de la thermodynamique mais qui n'a qu'un caractère statistique (puisque l'entropie n'est que la probabilité qu'un système tende vers son état le plus probable). S'il existe bien des fluctuations d'entropie (mouvement brownien), le bilan énergétique d'un tel démon microscopique serait largement déficitaire. Au niveau macroscopique en revanche, le bilan d'un tri peut se révéler largement positif, principal facteur de « néguentropie* ».

Deutérium : L'hydrogène est l'atome le plus simple comportant un proton et un électron. Le deutérium possède simplement un neutron en plus, il pèse donc deux fois plus que l'hydrogène. Lorsqu'il se combine à l'oxygène, la fusion donne de l'eau (H_2O), mais c'est ce qu'on appelle de l'« eau lourde ». Par rapport à l'hydrogène, la quantité de deutérium ne dépasse pas 0,015 %.

Développement adaptatif régulé : Dans le prolongement du « développement durable* », cette expression met l'accent sur la nécessaire symbiose* entre économie et écologie. Elle souligne également l'importance de la gouvernance, de ses régulations et des mécanismes adaptatifs.

Développement durable : Traduction de *sustainable development*, que le rapport Bruntland définit ainsi en 1987 : « Le développement durable est un mode de développement qui répond aux besoins des générations présentes sans compromettre la capacité des générations futures à répondre aux leurs. » Ce n'est pas un développement qui dure mais qui prend en compte la durée et ce qu'on appelle notre « empreinte écologique ».

Diamagnétisme : Diminution du champ magnétique par le courant qu'il induit et qui produit un champ magnétique inverse. Effet universel mais imperceptible la plupart du temps, sauf dans les supraconducteurs, qui sont dits « diamagnétiques parfaits », les courants induits annulant complètement les champs magnétiques extérieurs.

DNS (*Domain name system*) ou « système de nom de domaine » : C'est ce qui permet d'avoir un nom de serveur à la place d'une simple adresse numérique, l'adresse IP (*Internet protocol*) l'identifiant pour le réseau. Il s'agit donc d'un tableau de correspondance entre adresses IP et noms de domaine, un peu comme un annuaire téléphonique fait correspondre un nom d'abonné à un numéro de téléphone.

Domotique : Ensemble des techniques permettant de superviser, d'automatiser, de programmer, de coordonner et de contrôler à distance les appareils d'une maison (chauffage, surveillance, etc.). Le mot est un néologisme, formé à partir du latin *domus* (« le domicile ») et du suffixe *-tique*, faisant référence à l'électronique et à l'informatique.

E

Écoénergétique : Cette discipline a pour but de définir les moyens permettant d'éviter l'interférence des activités industrielles et économiques des hommes avec les cycles naturels.

Écosphère : Ensemble des écosystèmes* naturels et de ceux construits par l'homme.

Écosystème : Système dynamique regroupant des espèces vivantes en interdépendance ainsi que leur environnement matériel (flux de matières, d'énergie et d'information), en interaction avec les cycles biologiques (recyclage). Par extension, système rassemblant des êtres vivants et des machines fonctionnant en interdépendance.

Effet de serre : De même qu'une vitre laisse passer la lumière mais retient la chaleur (infrarouge), de même les gaz à effet de serre laissent passer les rayons du soleil mais limitent la radiation terrestre qu'ils retiennent, ce qui réchauffe l'atmosphère. Sans effet de serre, la température terrestre serait inférieure à dix-huit degrés. Cependant, plusieurs extinctions de masse ont été causées par une augmentation rapide de l'effet de serre (par libération de méthane notamment). Certes, il existe des cycles solaires bien connus qui participent actuellement eux aussi au réchauffement climatique mais l'augmentation des gaz à effet de serre due à l'activité humaine s'y ajoute dramatiquement, avec un retard de cinquante ans à peu près, le réchauffement actuel étant à la mesure de la consommation pourtant bien moindre en ce temps-là !

Effet Venturi : Effet d'accélération du vent. En fait, l'effet Venturi (du nom du physicien italien Giovanni Battista Venturi) est le nom donné à un phénomène de la dynamique des fluides dans lequel les particules gazeuses ou liquides se retrouvent accélérées à cause d'un rétrécissement de leur zone de circulation.

Électronique moléculaire ou nanoélectronique : Électronique dont les composants sont du niveau des molécules.

Émergence : Apparition soudaine de structures, d'idées, de systèmes originaux. Le concept d'émergence s'oppose au réductionnisme car l'émergence de la nouveauté, par effet de seuil notamment, implique que le tout n'est pas réductible à ses parties : il est à la fois plus (il possède des propriétés propres d'organisation) et moins (il ne possède pas toutes les propriétés de ses parties, il y a perte d'information).

Entropie : Dégradation irréversible de l'énergie, accroissement du désordre, tendance à l'homogénéisation, vers l'état le plus probable. C'est le deuxième principe de la thermodynamique, ou principe de Carnot, dont Boltzmann montrera pourtant le caractère statistique (il y a des fluctuations d'entropie). Le plus souvent, lorsqu'il y a diminution locale d'entropie (gain d'organisation), c'est au prix d'une augmentation globale d'entropie (dépense d'énergie, structures dissipatives*), sauf dans les processus d'optimisation qui peuvent se traduire par un gain net. Les organismes vivants se caractérisent justement par leur organisation « néguentropique* », grâce à l'information qui est le contraire de l'entropie.

Enzyme : Molécule catalysant les réactions chimiques cellulaires. Ce sont des enzymes qui produisent l'alcool fermenté et un pain azyme est un pain sans levain. Les enzymes sont en général des protéines* mais peuvent aussi être des ARN*.

Expression d'un gène : Ensemble des étapes qui permettent à un gène* de devenir opérationnel, c'est-à-dire de déclencher la production de la protéine* qu'il code. L'expression d'un gène intègre donc régulation, transcription et traduction du gène.

F

Fractale : Forme ou structure constituée de motifs identiques se retrouvant à des échelles différentes d'observation (relativité d'échelles). Les ramifications des arbres sont un exemple de structure fractale, de même que les montagnes, les flocons de neige, les coquillages ou les choux. On peut souvent les interpréter comme l'effet d'une force à longue portée qui se heurte à des résistances locales qui la fragmentent.

G

Gène : Unité d'information génétique contenant l'ensemble de l'information nécessaire à la production d'une protéine* donnée. En termes fonctionnels, un gène ne se résume pas à la seule séquence codante spécifiant la production d'une protéine ou d'un ARN*, mais comprend aussi les séquences régulatrices qui contrôlent son expression*.

Générateur aléatoire de variétés : Stratégie d'adaptation à un environnement qui n'est pas connu d'avance. En biologie, dans le thymus par exemple, il y a création de toutes sortes de lymphocytes qui sont ensuite sélectionnés en fonction de leur réactivité avec les cellules du corps (les lymphocytes réagissant trop ou pas du tout sont éliminés).

Génomique : Étude du séquençage des chromosomes.

Glycome : Ensemble des sucres d'une cellule.

Glycoprotéine : Protéine* comportant aussi des glucides.

GSM (*global system for mobile communications*) : Norme de communication numérique* sans fil utilisée par les téléphones mobiles (de 900 à 1900 MHz).

H

Hacker : À l'origine, « bidouilleur » utilisant l'informatique ludiquement et pratiquant le détournement. Comme la passion informatique débouche sur un niveau de compétence supérieur aux utilisations professionnelles, ce mot anglais désigne plutôt aujourd'hui un expert de la programmation de bas niveau, en particulier de l'interface avec le matériel et les réseaux (ce qui permet entre autres de contourner les systèmes de sécurité).

Hélium : Gaz inerte dont les atomes possédent deux protons, deux neutrons et deux électrons. C'est l'élément le plus abondant après l'hydrogène, produit de la fusion nucléaire dans les étoiles.

Hiérarchie des niveaux : Organisation de systèmes complexes* par emboîtements successifs de blocs de constructions (atomes, cellules, organismes, sociétés, écosystème*) formant des niveaux hiérarchiques superposés.

Homonculus : Terme d'abord alchimique désignant des répliques miniatures de l'être humain. En psychologie, désigne notre propre représentation intérieure, le petit homme supposé nous diriger dans notre cerveau. Pour les neurosciences, l'homonculus sensitif correspond au gyrus postcentral (circonvolution pariétale ascendante) des aires corticales. Or, une surface du cortex correspond à une surface du corps mais sera d'autant plus étendue que sa sensibilité est développée. L'ensemble offre donc une représentation distordue de notre corps sensible et de l'importance relative de ses différentes parties.

Hotspot : Abréviation de *wireless Internet hotspot*. Borne Wi-Fi* donnant un accès Internet sans fil aux utilisateurs d'ordinateurs portables dans les lieux publics.

Hydronet : Production d'électricité en réseaux décentralisés (comme Internet) par des piles à combustible*, selon un modèle proposé par Jeremy Rifkin dans *L'Économie hydrogène* (La Découverte, 2002).

I

Infopollution : Excès d'informations non sollicitées et impossibles à maîtriser, constituant un bruit de fond dans lequel les informations pertinentes sont noyées. Trop d'information tue l'information.

Internet des objets : Internet, dont l'origine est militaire, constitue l'interconnexion planétaire des réseaux grâce au protocole IP. Il permet à des ordinateurs de communiquer entre eux, avant même de permettre aux internautes de s'envoyer des messages. Des objets communicants (en général par le biais des ondes) peuvent donc utiliser Internet pour échanger des informations sans intervention humaine. C'est l'Internet des objets (*Internet of things*) : une automatisation généralisée, par l'intermédiaire d'étiquettes RFID* ou du Wi-Fi*, qui dépassera bientôt l'utilisation actuelle d'Internet.

IPod : Lecteur portatif de musique numérique*, construit autour d'un disque dur de dimensions réduites conçu et commercialisé depuis 2001 par Apple Computer.

ITER (*international thermonuclear experimental reactor*) : Réacteur expérimental de fusion nucléaire à Cadarache. L'objectif n'est pas la production d'électricité mais l'étude de faisabilité d'un réacteur à fusion et le test des matériaux qui devront résister à des protons très énergétiques. La réussite n'est en rien garantie, même si la fusion est bien maîtrisée ponctuellement en laboratoire, car il faut répondre à des exigences contradictoires. Personne ne prévoit en tout cas d'aboutissement avant 2050.

J

Jeu de la vie : C'est l'automate cellulaire le plus connu, conçu par John Conway en 1970. Une cellule vide ayant exactement trois voisines sera occupée à l'étape suivante (naissance liée à un environnement optimal), une cellule occupée ayant deux ou trois voisines sera maintenue, sinon (moins de deux ou plus de trois voisines) elle est vidée (destruction par désertification ou surpopulation). Des règles très simples vont ainsi permettre à l'automate cellulaire de traiter l'information en fonction de celle qu'il reçoit de ses voisins, ce qui donne paradoxalement une évolution imprévisible et des figures complexes.

L

Laser mégajoule (LMJ) : Projet de laser le plus énergétique du monde (mais pas le plus puissant), mené par le Commissariat à l'énergie atomique français. Il sera opérationnel en 2009, sur la commune du Barp en Gironde. L'objectif est de pouvoir déposer une énergie de 1,8 MJ (mégajoule) sur une cible minuscule mais en un temps assez long (ce qui explique que l'on batte des records d'énergie et pas de puissance). La cible est composée de deutérium* et de tritium* et la quantité d'énergie apportée sera suffisante pour provoquer la fusion nucléaire de ces deux isotopes d'hydrogène.

Linux : Système d'exploitation libre de type Unix. Il tire son nom d'une de ses composantes, le noyau Linux, initié par Linus Torvalds en 1991. Le système d'exploitation dans son ensemble représente le résultat des efforts convergents de nombreux projets qui se sont déployés, en mode collaboratif, *via* Internet. Y collaborent aussi bien des individus passionnés et des organisations comme la Fondation pour le logiciel libre de Richard Stallman que des petites et grandes entreprises commerciales (IBM, Sun Microsystem, Hewlett Packard, Oracle, etc.)

Pour l'utilisateur final, GNU/Linux se présente sous la forme d'une distribution Linux, commerciale ou non, c'est-à-dire d'une solution prête à être installée, comme Windows, mais comprenant en plus une sélection complète et cohérente de logiciels (libres).

Logiciel libre : Un logiciel libre est n'est pas seulement gratuit, c'est un logiciel que toute personne a le droit d'utiliser, de modifier et de redistribuer. Ce droit est souvent donné par une licence libre. Richard Stallman a formalisé la notion de logiciel libre dans la première moitié des années 1980 puis l'a popularisée avec le projet GNU et la Free Software Foundation (FSF ou Fondation pour le logiciel libre). Le logiciel libre le plus connu est Linux*. Les logiciels libres sont souvent présentés comme la principale alternative aux « logiciels propriétaires », notamment ceux de Microsoft.

M

M2M : En anglais *man to machine*, *machine to man* ou *machine to machine* ; « homme vers machine » ou « machine vers machine ». Protocole de communication entre capteurs interconnectés.

Machine de Turing : Préfiguration de l'ordinateur conçue par Alan Turing et capable d'effectuer tout calcul programmable avec seulement un ruban divisé en cases d'une valeur 0 ou 1, une « tête de lecture/écriture » qui peut lire et écrire 0 ou 1 sur le ruban et se déplacer vers la gauche ou vers la droite du ruban, un « registre d'état » qui mémorise l'état courant de la machine de Turing et, enfin, une « table d'actions » qui indique à la machine quel symbole écrire, comment déplacer la tête de lecture et quel est le nouvel état, en fonction du symbole lu sur le ruban et de l'état courant de la machine. Si aucune action n'existe pour une combinaison donnée d'un symbole lu et d'un état courant, la machine s'arrête.

Machine Z : La *Z Machine* est le plus puissant générateur de rayons X au monde. Elle est implantée au Nouveau-Mexique. Conçue pour contrôler des matériaux soumis à des conditions extrêmes de température et de pression, elle est principalement utilisée dans le but de rassembler les données nécessaires à la simulation* informatique des armes nucléaires. Elle a également permis, grâce à des expérimentations récentes, d'ouvrir de nouvelles perspectives dans le domaine de l'énergie de fusion.

Macro-organisme : Organisme vivant composé d'un très grand nombre d'agents individuels (êtres vivants et machines).

Macroscope : Méthode et outil d'observation de l'infiniment complexe à partir d'un point de vue global et systémique*. L'ordinateur, grâce à son pouvoir de simulation*, est devenu un macroscope.

MEMS (*microelectromechanical system*) : Un microsystème électromécanique comprend un ou plusieurs éléments mécaniques, utilisant l'électricité comme source d'énergie en vue de réaliser une fonction de capteur et/ou d'actionneur. Les MEMS ont été développés au début des années 1970 en tant que dérivés de la microélectronique ; leur première commercialisation remonte aux années 1980 avec des capteurs de pression sur silicium. C'est un domaine de recherche relativement récent qui combine l'utilisation des techniques électroniques, informatiques, chimiques, mécaniques, optiques.

Métabolisme : Le métabolisme de la cellule est l'ensemble de son fonctionnement, des transferts d'énergie et des transformations biochimiques qui s'y déroulent. Il est constitué du catabolisme destructeur et de l'anabolisme constructeur, qui permettent de maintenir l'homéostasie (Du grec *homeos* : « même » et *stasein* : « rester »), l'équilibre interne de la cellule.

Méthanol : Le méthanol (CH_3OH) est un alcool obtenu généralement à partir du méthane (CH_4) mais qui peut être produit par la combinaison d'hydrogène et de dioxyde de carbone atmosphérique. Liquide à température ambiante, le méthanol est bien plus facile à stocker que l'hydrogène et son utilisation massive ne nécessiterait pas d'investissements lourds en infrastructures. En effet, bien qu'il soit un peu acide naturellement, le méthanol constitue un bon carburant pur ou mélangé à l'essence traditionnelle. Il peut également être utilisé seul dans des piles à combustible* (DMFC, *direct methanol fuel cell*) destinées à des téléphones ou des PC portables, des voitures électriques, etc.

Microscope à effet tunnel : L'effet tunnel est un effet quantique. Plus les distances sont courtes, plus la probabilité est grande que les fluctuations quantiques puissent déclencher un « effet tunnel », c'est-à-dire le saut d'une particule à travers une barrière. Le microscope à effet tunnel, inventé en 1981, exploite cette propriété en s'approchant de la surface jusqu'à ce que les électrons passent dans la pointe du microscope par effet tunnel, et non par contact, produisant un courant électrique. C'est donc une façon de photographier la matière (du moins les matières conductrices) à quelques dixièmes de nanomètre.

Microscope à force atomique : Proche du microscope à effet tunnel*, le microscope à force atomique est lui aussi destiné à photographier la matière au dixième de nanomètre, mais, au lieu d'utiliser l'effet tunnel, il exploite l'équilibre entre la force d'attirance des atomes et la force repoussante des électrons, ce qui permet de ne plus se limiter aux matériaux conducteurs.

Moteur Stirling : Modèle, inventé par Robert Stirling en 1816, de moteur à combustion externe ou à air chaud et dont le rendement dépasse désormais celui des moteurs à explosion.

Multimédia : Convergence des supports et des techniques de la communication par le texte, le son, l'image.

MUP : Micro-usine personnalisée ; en anglais *digital fabricator* ou *fab lab* (contraction de *fabrication laboratory*). Il peut s'agir, dans ce dernier cas, d'un petit atelier de machines-outils pilotées par ordinateur et capables de fabriquer à peu près n'importe quel objet, grâce à des imprimantes 3D.

Mutant : Être vivant qui se modifie par des mutations biologiques.

N

Nanotechnologies : Étude et fabrication de structures ou de systèmes à l'échelle nanométrique (1 nanomètre = 10^9 mètre, soit un milliardième de mètre). Les nanotechnologies regroupent plusieurs domaines tels que l'optique, la biologie, l'électronique, la mécanique et la chimie et se sont développées grâce au microscope à effet tunnel* ou à force atomique*.

Nanotube de carbone : Structure cristalline du carbone, de forme tubulaire, creuse et close, composée d'atomes disposés régulièrement en hexagones ou pentagones. Les nanotubes de carbone sont produits avec de simples procédés chimiques, et comptent de ce fait parmi les premiers produits industriels du domaine des nanotechnologies*. Ils possèdent de nombreuses propriétés électriques ou optiques en plus d'une rigidité comparable à celle de l'acier, tout en restant extrêmement légers. Ils pourraient servir entre autres à stocker l'hydrogène ou à réaliser des batteries très efficaces, sortes de maxi-condensateurs se rechargeant immédiatement. Mais ils pourraient avoir une nocivité comparable à l'amiante.

Néguentropie : Négation de l'entropie* ou entropie négative. Facteur d'organisation qui entre en opposition avec la tendance entropique à la désorganisation. Cela peut être un flux énergétique (structures dissipatives*), au niveau physique, ou bien la réaction à l'information, au niveau des organismes biologiques et sociaux. La vie et l'évolution constituent les manifestations les plus évidentes de la néguentropie.

Neuroengineering : Recherches visant à étendre nos capacités sensorielles, en particulier dans l'interface cerveau-ordinateur.

Neuropuces : *Neurochips* en anglais. Puces électroniques implantées dans le cerveau, par exemple pour stimuler certains neurones dans la maladie de Parkinson, l'épilepsie ou pour retrouver la vue dans certains cas, etc.

NFC (***near field communication***) : Communication sans fil à très courte distance (moins d'un mètre), capables aussi bien de lire des puces RFID* grâce à l'énergie irradiant du téléphone que de transférer des données à courte distance d'un appareil à l'autre (PC, téléphone, borne de paiement, etc.).

Nouvelle nouvelle économie : Économie plurielle se fondant sur la gratuité d'accès à des services et produits numériques*, mais conduisant à faire payer des sommes modestes pour des produits et services personnalisés. Cette économie, typique des modèles de Yahoo !, Google ou Skype*, consiste à créer du « flux* » (des millions d'accès aux sites) et du « buzz* » pour déclencher des effets d'amplification en réseau.

Numérique : Au contraire de l'analogique*, le numérique n'enregistre pas directement un signal (son, image, etc.), avec plus ou moins de perte à chaque fois, mais il le code numériquement, ce code pouvant dès lors être copié autant de fois qu'on le veut sans aucune perte, grâce à la correction d'erreurs. Le numérique permet non seulement des reproductions illimitées à coût presque nul mais aussi la convergence de toutes les technologies (multimédias*) qui peuvent être traitées par le même outil universel, l'ordinateur, et circuler sur les mêmes réseaux, comme s'il s'agissait d'un langage commun à toutes les machines. L'avènement du numérique bouleverse toutes les données et nous fait entrer dans une nouvelle ère, celle de l'information.

O

ONS (***object name system***) : Équivalent du DNS* (*domain name system* ou système de noms de domaine) pour l'Internet des objets*, table d'adresses des machines communiquant par l'intermédiaire d'Internet.

P

P2P : Abréviation anglaise de *peer-to-peer*, qu'on peut traduire par « pair à pair », « égal à égal » ou encore « particulier à particulier ». P2P désigne un type de protocole de communication sur réseau informatique dont les éléments (les nœuds) ne jouent pas exclusivement les rôles de client ou de serveur mais les deux à la fois. Le P2P est utilisé pour échanger de la musique, des textes et, plus récemment, de la vidéo.

PAC (pile à combustible) : Pile qui produit de l'électricité grâce à un combustible (hydrogène ou méthanol*). En s'oxydant, grâce à un catalyseur, le combustible produit de l'eau en même temps que de l'électricité, selon le processus inverse de l'électrolyse de l'eau.

Paradigme : Mode de pensée ou schéma d'explication faisant référence à des principes fondamentaux partagés par une communauté (en particulier scientifique). Un changement de paradigme résulte de l'émergence de nouveaux modes de pensée et de référence qui se répandent hors de leur lieu d'origine. Les sciences peuvent ainsi passer d'un paradigme physique à un paradigme biologique ou écologique.

Pervasif : Un réseau pervasif est *on* en permanence, c'est-à-dire connecté de façon ininterrompue et permettant sa diffusion à travers tout le réseau. On peut communiquer sans fil avec ce réseau par différents outils fixes ou nomades : PC, téléphone, PDA...

Phéromone : « Hormone » sociale, en particulier sexuelle, émise par la plupart des animaux et certains végétaux, agissant comme un messager entre des individus de la même espèce. Produite en quantités infinitésimales, cette substance est extrêmement active, si bien qu'elle peut être détectée, ou même transportée, sur plusieurs kilomètres. Alors que les hormones sont des messagers chimiques internes à l'organisme, les phéromones sont des messagers externes à l'organisme (contenues dans les urines ou la sueur par exemple) mais internes à l'espèce.

Photovoltaïque : L'effet photovoltaïque, qui a valu à Einstein son prix Nobel, est la transformation de la lumière, ou de tout autre rayonnement électromagnétique, en électricité par l'absorption des photons (de l'énergie lumineuse) par un semi-conducteur (du silicium le plus souvent).

Pilule intelligente : Pilule qui libère une substance thérapeutique en fonction de l'état du corps (pH ou potentiel hydrogène, glycémie, etc.), grâce à des nanocapteurs.

Pod : Puce électronique communicante qui peut avoir son autonomie énergétique. Placées dans des bâtiments, dans des champs, ces toutes petites particules créent des réseaux de capteurs « intelligents ».

Podcasting : Moyen de diffusion de fichiers sonores ou vidéo sur Internet. Il permet aux utilisateurs de s'inscrire à un fil RSS* (*RSS feed* en anglais) et, ainsi, de récupérer de nouveaux fichiers audio ou vidéo automatiquement, par exemple sur un baladeur numérique de type iPod*. Le podcasting se distingue des autres moyens de diffusion d'informations par son recours au format RSS. Un internaute peut retransmettre sur Internet des émissions en podcasting et ainsi créer sa propre chaîne de radio.

Proactif : Caractérise tout outil dynamique, c'est-à-dire qui réagit à son environnement ou bien intervient activement dans les processus de prise de décision.

Protéine : Macromolécule formée de centaines d'acides aminés*, essentielle à la structure et à la vie de toute cellule. C'est sa forme et son dynamisme interne qui comptent, constituant, sous forme d'enzymes*, la machinerie de la cellule (pompes, ciseaux, transport, etc.).

Q

***Quantum dot* (ou *qdot*)** : Terme anglais pour « nanocristal ». C'est un cristal semi-conducteur d'un diamètre de quelques nanomètres, qui peut être utilisé notamment dans les écrans plats.

R

Réalité virtuelle : Technique informatique permettant de créer des simulations* ou des univers de synthèse au sein desquels un usager peut choisir un avatar, saisir des objets, modifier des formes, agir sur l'environnement virtuel.

Reformage : Dissociation moléculaire du pétrole ou du gaz naturel en vue d'obtenir des produits plus lourds ou d'en extraire l'hydrogène. Le processus contraire (obtention de produits plus légers) est appelé « craquage ». Le reformage catalytique est un procédé de raffinage qui extrait d'ordinaire l'hydrogène du pétrole ainsi que les gaz méthane, propane et butane, grâce à un catalyseur dans des réacteurs sous pression et à plus de cinq cents degrés.

Réseau de Malpighi : Réseau ramifié aboutissant à de minuscules capillaires.

Rétroaction : En anglais *feedback*. Analyse de l'effet d'une action et de l'écart par rapport aux objectifs. Une boucle de rétroaction, dans un thermostat par exemple, consiste à piloter le système à partir de l'effet mesuré (la chaleur). C'est le signal de sortie qui contrôle l'entrée (l'effet qui devient cause). Une boucle de rétroaction positive amplifie un phénomène jusqu'à l'emballement alors qu'une boucle de rétroaction négative le modère ou l'arrête. C'est la base de la cybernétique, de la direction par objectifs et de la plupart des automatismes.

RFID (*radio frequency identification*) : Radio-étiquettes comprenant une micro-antenne associée à une puce électronique et dépourvues de toute alimentation. Lorsque l'antenne reçoit des ondes radio, celles-ci sont transformées en électricité pour alimenter la puce qui analyse le signal afin d'y répondre éventuellement, la plupart du temps en renvoyant au système de lecture les données qu'elle contient (son identification).

Ribosome : Structure intracellulaire formée de protéines* et d'ARN ribosomal*, siège de la production des protéines de la cellule par traduction de l'information génétique de l'ADN*, portée par l'ARN messager*, en chaîne d'acides aminés*.

RSS : Sigle pour *really simple syndication* (« syndication vraiment simple ») ou *rich site summary* (« résumé complet d'un site »). Format d'abonnement à un site Web. On parle de « syndication » de contenu car, en anglais, *syndicate* désigne la vente d'un article à plusieurs journaux. *Really simple syndication* se rapproche donc d'une diffusion journalistique simplifiée.

S

Schistes bitumineux : Roches sédimentaires qui contiennent beaucoup de bitume. Malgré leur nom, ce ne sont pas des schistes. Proches des sables bitumineux déjà exploités au Canada, ils se révèlent encore plus difficiles, donc plus coûteux, à extraire.

Sélection naturelle : La théorie de la sélection naturelle permet de comprendre l'action de l'environnement sur l'évolution des populations par la sélection des individus les plus adaptés. C'est la base du processus proposé par Darwin : la sélection et la multiplication des plus aptes à survivre dans un environnement donné, lesquels transmettront donc leur ADN* à leur descendance.

Sigmoïde : Courbe en S (démarrage lent, montée rapide, seuil) qui va de 0 à 1 et qui représente, par exemple en marketing, le modèle de contagion d'un nouveau produit (découverte, massification, saturation).

Simulation : La simulation informatique est l'outil de modélisation de l'évolution des systèmes dynamiques et permet de valider des hypothèses théoriques sur le comportement de phénomènes réels. Ces simulations informatiques sont rapidement devenues incontournables pour la modélisation des systèmes naturels en physique, chimie et biologie, mais également des systèmes humains en économie et en sciences sociales.

Skype : Entreprise de téléphonie et logiciel de communications téléphoniques gratuit entre PC ou entre PC et mobiles ou fixes, utilisant le protocole VoIP sur Internet. Skype a été fondé par les créateurs de Kazaa, Niklas Zennström et Janus Friis, et compte cinquante-cinq millions d'utilisateurs dans le monde.

Sonde d'hybridation : Principe des puces à ADN* (biopuces*), qui sont constituées de milliers de molécules d'ADN fixées sur une surface qui peut être du verre, du silicium ou du plastique. Les molécules d'ADN fixées sont appelées des « sondes ». À l'image d'un morceau de Velcro, ce brin va s'attacher à un autre morceau d'ADN complémentaire. Après lavage, il reste les fragments fluorescents ou radioactifs qui se sont fixés sur les sondes et qui peuvent être visualisés.

Spam : Courrier électronique non sollicité par les destinataires, envoyé en masse à des fins publicitaires ou malhonnêtes et participant à l'infopollution*.

Spotcode : Sorte de code-barres circulaire qui peut être placé sur n'importe quel support (affiche, annonce immobilière, objet...) et qui peut être reconnu par un mobile équipé d'une caméra et d'un petit logiciel spécifique de reconnaissance d'images pour renvoyer une information précise (par exemple, le temps d'attente à un arrêt de bus).

Structure dissipative : Structure dynamique résultant d'un processus d'auto-organisation*. Ce type de structure conserve son organisation au cours du temps grâce au flux d'énergie qui la traverse. Et ceci malgré la tendance naturelle au désordre.

Symbiose : Association entre espèces vivantes se réalisant au bénéfice mutuel des partenaires. Par extension, association entre des espèces vivantes et des systèmes ou organisations macrobiologiques incluant des machines.

Système complexe : Un système complexe se caractérise par le nombre des éléments qui le constituent, par la nature des interactions entre ces éléments et par le nombre et la variété des liaisons qui relient ces éléments entre eux. La cellule, une ville, un écosystème* par exemple sont des systèmes complexes.

Systémique : Étude des systèmes et de leur évolution dans le temps en vue d'une plus grande efficacité dans l'action. L'approche systémique s'oppose à l'approche analytique* en ce qu'elle « relie » les éléments entre eux et se concentre sur leurs interactions, cherchant à comprendre comment les éléments réagissent les uns avec les autres. Alors que l'approche analytique considère la *nature* des interactions et leurs causes, l'approche systémique considère les *effets* des interactions. Elle adopte une perception globale (« macroscopique* ») d'un système, intégrant les notions de flux (d'énergie, de matière, d'information) ainsi que de durée. Cette approche permet de modifier des *groupes* de variables simultanément grâce à la simulation* sur ordinateur, validée par comparaison du fonctionnement du modèle avec la réalité.

T

Tag : Système d'étiquettes (*tags* en anglais) très en vogue sur Internet, permettant à des internautes de « marquer » les pages qu'ils jugent intéressantes et d'ajouter des annotations. S'élabore ainsi un système de classification et d'organisation des données, effectué par des millions d'utilisateurs.

Technosphère : Ensemble d'outils, de techniques et de machines (mécaniques et électroniques) assurant la production, la reproduction et le maintien de l'organisme sociétal.

Télomère : Extrémité non codante des chromosomes, sorte de « mèche d'amorçage », un peu comme pour les vieux films huit millimètres : afin de ne pas abîmer le film, on glissait d'abord une amorce en plastique blanc. Les télomères sont les « morceaux protecteurs » de l'ADN*. Mais quand la cellule se divise, la protection diminue à chaque fois : une partie des télomères n'est pas répliquée. Quand toute la « mèche » de l'ADN a été consommée, à l'image d'une bougie qui s'éteint, c'est un gène* vital qui est abîmé et la cellule meurt.

Traçabilité : Désigne à l'origine le fait de pouvoir reconstituer la chaîne de production d'un produit et l'origine de ses constituants. C'est aussi la possibilité de suivre les internautes aux traces qu'ils laissent sur Internet (ou chez les opérateurs de mobiles).

Transgenèse : Intégration stable d'un gène* étranger dans un génome hôte.

Transpondeur : En télécommunications, le terme de transpondeur désigne soit un appareil automatique qui reçoit, amplifie et retransmet des signaux sur des fréquences différentes, soit un appareil automatique qui transmet un message prédéterminé en réponse à un signal reçu prédéterminé (comme les RFID*).

Tritium : Isotope de l'hydrogène possédant deux neutrons en plus du proton et de l'électron de l'hydrogène. Il n'est pas stable et donc radioactif.

V

Vie artificielle : Fabrication par l'homme de formes de vie capables de se développer de manière autonome et indépendante.

W

Wi-Fi : Technologie de réseau informatique sans fil dont la portée est comprise entre quelques dizaines et quelques centaines de mètres selon les conditions. La Wi-Fi est devenue un moyen d'accès privilégié à Internet.

WiMAX : Acronyme de *world interoperability for microwave access*, est avant tout une famille de normes (certaines encore en chantier) définissant les connexions à haut-débit par voie hertzienne. La communication par WiMAX peut se réaliser à haut débit sur des distances allant de trente à cinquante kilomètres.

INDEX LEXICAL

INDEX DES NOMS D'AUTEURS

BIBLIOGRAPHIE

Articles et interviews de Joël de Rosnay

« Devenir écocitoyens », *MACIF Tandem*, journal des sociétaires, n° 19, janvier 2007, p. 26-27.

« L'ordinateur du futur fera communiquer les objets et les humains », chat en direct sur le site du journal *L'Internaute*, 15 décembre 2006.

« Peut-on rester connecté ? », propos recueillis par Pascal Grandmaison, *Le Figaro magazine*, 18 novembre 2006.

« Une vision réaliste du futur », propos recueillis par Cyril Fievet, *Newzy 25*, novembre 2006, p. 72.

« Comment imprimer des objets chez soi. Après les TIC, voici les MUP », LeMonde.fr, 9 novembre 2006.

« Pronétaires de tous les pays… », interview de Joël de Rosnay, *L'Est Républicain*, 13 mars 2006.

« Plus le monde se mondialise, plus il se tribalise », propos recueillis par Florence Belkacem, *VSD*, 22 février 2006.

« Internet, dix ans de révolution », débat du 19 janvier 2006 avec Joël de Rosnay, LeMonde.fr, 27 janvier 2006.

« Les citoyens du monde sont en train d'inventer une nouvelle démocratie : celle de la communication », *Le Figaro Magazine*, 14 janvier 2006.

« Vieillir, donc vivre », propos recueillis par Armelle Breton, *La Vie*, n° 3140, 31 novembre 2005, p. 28-31.

« Notre futur passe par une symbiose entre économie et écologie », propos recueillis par Jean-Christophe Féraud, *La Tribune*, « Spécial 20 ans », 23 novembre 2005.

« Ils ont pensé demain… », propos recueillis par Pascal Grandmaison, *Le Figaro magazine*, 19 novembre 2005.

« Des *mass média* aux média des masses », entretien avec Véronique Anger, *Les Dialogues stratégiques*, mai 2005 ; publié dans *Les Di@logues stratégiques. Mieux comprendre la complexité et l'évolution du monde*, Éditions Des Idées & des Hommes, février 2007.

« Systémique, complexité et transdisciplinarités : nouvelles méthodes, nouveaux outils », compte rendu de table ronde par Guillaume Rolland, *Futuribles International*, « Célébration des 30 ans du *Macroscope* », 30 novembre 2004.

Énergie et développement durable magazine, entretien avec Dan Bialod, interview diffusée à l'occasion du salon EV-MC 2004 de Monte-Carlo, du 1er au 4 avril 2004.

« L'homme en pièces détachées est-il toujours humain ? », propos recueillis par Jean-Marc Requin, « Cyber Sapiens », *Le Figaro magazine*, 21 février 2004.

« Parce que le monde et les temps changent », entretien avec Véronique Anger, *Les Dialogues stratégiques*, juin 2002 ; publié dans *Les Di@logues stratégiques. Mieux comprendre la complexité et l'évolution du monde*, Éditions Des Idées & des Hommes, février 2007.

« Les risques de l'infopollution », entretien avec Sacha Goldman, *Transversales Science Culture*, nouvelle série n° 1, mai 2002.

« La médecine du futur », *Industrie électrique et gazière*, n° 222, mars 2002.

« Les nouveaux défis de la société de l'information », introduction aux Troisièmes Rencontres parlementaires sur la société de l'information et l'Internet, décembre 2001.

« Réflexions sur une approche multidimensionnelle de la télévision éducative et d'Internet », *Dossiers de l'Audiovisuel*, n° 100, novembre-décembre 2001.

« Les matériaux intelligents sont le grand avenir du XXIe siècle », *Perspectives plastiques*, septembre 2001.

« Internet du futur, intercommutabilité et corégulation citoyenne », *Medias, e-medias*, La Documentation française, juin 2001.

« De la biologie moléculaire à la biotique : L'essor des bio-, info- et nanotechnologies », numéro spécial de *Cellular and Molecular Biology*, *Biotechnologies : réalités et perspectives*, vol. 47, p. 7-16, 2001.

« Avons-nous encore le temps ? », hors-série « La Vitesse », *Le Nouvel Observateur*, mars-avril 2001.

« La société de l'information au XXIe siècle », *Revue Ramsès 2000*, Ifri et Dunod, novembre 1999.

« Innovation et réseaux : les nouvelles structures de la recherche », extraits de la conférence prononcée à l'Académie des sciences morales et politiques le 25 janvier 1999, *Les Échos*, 18 janvier 1999.

« Télévision du futur : le mariage d'Internet et de la télévision », numéro spécial des *Écrits de l'image* de Jacques Chancel, n° 21, hiver 1998.

« Du pasteur au passeur », *Le Monde de l'Éducation*, 1er février 1997.

« Les rendez-vous du futur » : plusieurs centaines de chroniques sur l'antenne d'Europe 1, diffusées entre 1987 et 1995 concernant les sciences et les technologies qui vont influencer notre avenir ; en ligne sur http://www.derosnay.com.

« La symbiose du futur », interview par Igor et Grishka Bogdanoff, *Paris Match*, 27 mars 1995.

« *Molecular Information Processing and Molecular Electronic Devices* », Fifth International Conference on Langmuir-Blodgett Films, Cité des sciences et de l'industrie, La Villette, août 1991.

« *The Growth of Bioelectronics* », *Futures*, avril 1986, p. 192-204.

« La bio-industrie américaine », *Biofutur*, octobre 1986, p. 47-52.

« *From Biotechnology to Biotics : the Engineering of Molecular Machines* », *Biotechnology : Applications and Research*, ed. by Paul N. Cheremisinoff and Robert P. Ouellette, chapter 1, pp. 1-8, Lancaster: Technomic Publishing Co, inc. 1985.

« Biologie et informatique : l'entrée dans l'ère des machines moléculaires », *Biofutur*, juin 1984, p. 7-9.

« *New Strategies in Biotechnology* », *The World Biotech Report 1984*, vol. 1.

« La biotique », *Encyclopedia Universalis*, édition 1984, p. 616-619.

« L'essor de la biotique », *La Jaune et la Rouge*, revue de l'École polytechnique, n° 385, mai 1983, p. 19-27.

« L'essor de la biotique », *Futuribles*, janvier 1982, p. 41-58.

« La révolution biologique : voyage aux centres de commande de la vie », numéro spécial de *Science et Vie*, 1982.

« Les biotransistors : la microélectronique du XXIe siècle », *La Recherche*, n° 124, vol. 12, juillet-août 1981, p. 870-872.

« Biologie, informatique et automatique : l'essor de la biotique », *Prospective et Santé*, n° 18, été 1981, p. 21-29.

« La biotique : vers l'ordinateur biologique ? », *L'Expansion*, 1er-21 mai 1981, p. 149-150.

« La révolution informatique, Ordinapoche », supplément de *Science et Vie*, 1981.

Ouvrages de Joël de Rosnay

Les Origines de la vie : de l'atome à la cellule, Le Seuil, 1966.

Le Macroscope : vers une vision globale, Le Seuil, 1975, prix de l'Académie des sciences morales et politiques.

La Malbouffe : comment se nourrir pour mieux vivre, avec Stella de Rosnay, Éditions Olivier-Orban, 1979.

Les Chemins de la vie, Le Seuil, 1983.

Branchez-vous, avec Stella de Rosnay, Éditions Olivier-Orban, 1984, Grand Prix de la littérature micro-informatique grand public 1985.

Le Cerveau planétaire, Éditions Olivier-Orban, 1986.

L'Aventure du vivant, Le Seuil, 1988.

L'Avenir en direct, Fayard, 1989.

Les Rendez-vous du futur, Fayard/Editions n° 1, 1991.

L'Homme symbiotique. Regards sur le troisième millénaire, Le Seuil, 1995.

La plus belle histoire du monde. Les secrets de nos origines, avec Hubert Reeves, Yves Coppens et Dominique Simonnet, Le Seuil, 1996.

Une vie en plus. La longévité, pour quoi faire ? avec François de Closets, Jean-Louis Servan-Schreiber et Dominique Simonnet, Le Seuil, 2005.

La Révolte du pronétariat, des mass média aux média des masses, Fayard, collection « Transversales », 2006.

Pour continuer l'aventure, retrouvez Joël de Rosnay
sur le blog de l'ouvrage :

http://www.scenarios2020.com

CET OUVRAGE
A ÉTÉ ACHEVÉ D'IMPRIMER
SUR ROTO-PAGE
PAR L'IMPRIMERIE FLOCH À MAYENNE
EN MAI 2007

Imprimé en France
N° d'impression : 68370
Dépôt légal : avril 2007
ISBN : 978-2-35369-013-8